国家自然科学基金管理学部面上项目（项目编号：71373066）成果

光明社科文库
GUANGMING DAILY PRESS:
A SOCIAL SCIENCE SERIES

·经济与管理书系·

防御性医疗的法经济学分析

曹志辉　郑贺英　剧凤兰 | 著

光明日报出版社

图书在版编目（CIP）数据

防御性医疗的法经济学分析 / 曹志辉，郑贺英，剧
凤兰著 . -- 北京：光明日报出版社，2023.6
ISBN 978 - 7 - 5194 - 7292 - 4

Ⅰ.①防… Ⅱ.①曹… ②郑… ③剧… Ⅲ.①医疗事
故—侵权行为—法律经济学—研究—中国 Ⅳ.
①D922.164

中国国家版本馆 CIP 数据核字（2023）第 099483 号

防御性医疗的法经济学分析
FANGYUXING YILIAO DE FAJINGJIXUE FENXI

著　　者：曹志辉　郑贺英　剧凤兰

责任编辑：李月娥　　　　　　　责任校对：张慧芳
封面设计：中联华文　　　　　　责任印制：曹　净

出版发行：光明日报出版社
地　　址：北京市西城区永安路 106 号，100050
电　　话：010 - 63169890（咨询），010 - 63131930（邮购）
传　　真：010 - 63131930
网　　址：http://book.gmw.cn
E - mail：gmrbcbs@gmw.cn
法律顾问：北京市兰台律师事务所龚柳方律师

印　　刷：三河市华东印刷有限公司
装　　订：三河市华东印刷有限公司
本书如有破损、缺页、装订错误，请与本社联系调换，电话：010-63131930

开　　本：170mm×240mm
字　　数：213 千字　　　　　　印　　张：13
版　　次：2023 年 6 月第 1 版　　印　　次：2023 年 6 月第 1 次印刷
书　　号：ISBN 978 - 7 - 5194 - 7292 - 4
定　　价：85.00 元

前　言

防御性医疗是指医师在诊疗疾病的过程中为避免医疗风险和医疗诉讼而采取的防范性医疗措施。防御性医疗造成了患者层面就医成本与恐惧感的增加、机构层面卫生资源的浪费及国家层面卫生总费用的迅速增长等负面影响，已成为我国医药卫生体制改革中的巨大阻力。因此，如何识别和控制医师防御性医疗行为是推进健康中国战略过程中迫切需要解决的一项重大课题。

既往研究主要采用医师直接调查法、医师临床情景调查法和卫生保健使用法等识别和测量防御性医疗，然而这些测量方法存在效度和信度不高的弊端。国内外学者从不同视角对防御性医疗的成因进行了探讨，但对各因素影响医师防御性医疗决策行为和过程的分析研究不多，难以深入揭示各因素的影响路径和作用机制，也无法据此对医师的防御性行为进行准确预测和有效干预。基于既往研究的不足之处，本书提出了基于临床路径的防御性医疗行为测量工具并开展了现场调查，了解医疗费用的过快上涨与防御性医疗行为的相关程度；构建了医师防御性医疗行为形成模型，并以此模型为指导，提出了控制防御性医疗的制度优化方案。

　　本书的主要创新之处在于：第一，从防御性医疗的概念出发，以国家卫生健康委颁布的临床路径为基础，研制了具有较高效度和信度的防御性医疗测量工具和方法，为防御性医疗行为的测量和分析提供了新工具；第二，从法经济学视角，构建了医师防御性医疗行为模型，为明确防御性医疗行为的形成机制提供了新的理论视角；第三，提出了医疗损害责任的分配与风险分担机制、医疗纠纷解决机制、医保支付方式等方面的制度优化方案，为有效控制防御性行为提供了新思路。

　　本书主要由河北省高等学校人文社科重点研究基地"华北理工大学卫生健康政策与管理研究中心"的曹志辉、剧凤兰和唐山中心医院的郑贺英编写。本书是国家自然科学基金管理学部面上项目"基于法经济学视角的防御性医疗行为测量、模型构建及制度优化研究"（71373066）的研究成果，也是在北京大学博士毕业论文基础上的延伸研究成果。在撰写过程中，本书也参考、借鉴了学界同人的许多重要研究成果，在此谨向他们表示衷心的感谢。由于水平有限，难免有不妥、不深、不透之处，敬请各界专家和读者批评指正！

2022 年 3 月 30 日于唐山

目 录
CONTENTS

第一章　绪论

第一节　研究背景与意义

一、研究背景

美国学者坦克雷迪（Tancredi LR）等人于 1978 年在 Science 杂志上首次提出了防御性医疗（defensive medicine，DM）的概念，DM 是指医师在诊疗疾病的过程中为避免医疗风险和医疗诉讼而采取的防范性医疗措施（Tancredi LR，1978）。目前，国际上普遍公认美国技术评估办公室对 DM 的解释："DM 是指当医师开具各类检查单、进行诊疗服务时，并不完全出于患者的疾病考虑，而是为应对可能发生的医疗纠纷和医疗诉讼。在诊疗过程中，医师采取一些非诊疗规范之内所要求的行为以尽可能多地留下诊疗证据，证明自己在整个诊疗过程中已充分履行自身的职责，回避可能导致自己陷入不利情况的可能性，即使以后被投诉或者陷入医疗纠纷，也能提交足够的证据，从而使自己免受损害

1

(U. S. Congress，1994)。"由此可见，构成 DM 行为需要符合两个条件：第一，医师的诊疗行为偏离了规范化医疗服务准则；第二，医师这样做的目的是规避医疗纠纷和诉讼风险。按照其主要表现，DM 行为可以分为两种主要类型：一类是"积极型防御性医疗"，主要表现为医师为患者过度提供某些检查、化验和治疗项目等，属于过度医疗行为的一种形式。另一类是"消极型防御性医疗"，主要表现为医师拒绝收治高危患者或采取保守治疗，进行不恰当的会诊或转院等。

研究表明，美国的医疗环境是比较宽容的，尽管如此，98%的美国医师承认因害怕医疗风险而采取防御性医疗，每年防御性医疗产生的费用仍高达 370 亿美元，占全美医疗费用的 14%（Studdert DM，2005）。日本和欧洲各国的 DM 行为也较为普遍。我国目前尚缺乏权威的 DM 行为相关数据。然而，我国近年来的医患关系颇为紧张，患方辱骂、殴打医务人员，围攻医院的暴力恶性事件频频出现，医师采取各种 DM 行为的现象也无法避免，甚至会更为严重（刘琼，2009）。本课题组的前期研究结果表明，82.9%的医师表示医患纠纷对诊疗工作的影响非常大或较大，均不同程度采取了 DM 行为（曹志辉，2011）。研究发现，DM 行为的存在造成了以下危害：①由于医师出于自我保护目的，为患者实施了不必要的诊疗服务项目，在我国目前的按服务项目付费的制度下，这些不必要的诊疗服务项目的成本将由患者承担，这无疑就增加了患者就医的直接成本，加重了因病致贫和因病返贫的风险（周晓莹，2020）。因此，作为过度医疗行为的一种特殊形式，DM 行为的存在是目前我国看病贵、医疗费用居高不下的重要原因之一。②DM 行为的存在造成了医疗卫生资源的极大浪费，降低了卫生资源的利用效率（陶思怡，2020）。③由于危重和疑难病人治疗失败的风险较高，医师出于自我保护的目的回避收治危重和疑难病人，大大降低了此类患者医疗服务的可及性，导致其得不到及时而有效的治疗，造成不必要的健康损失，甚至危害患者的生命（刘雪娇，2018）。④DM 行为的存在还将加重医患之间的不信任，激化医患矛盾，恶化医患关系，从而进一步加剧医师的DM 行为，导致形成恶性循环（孙刚，2020）。⑤由于任何诊疗措施都存在一定的风险，没有绝对的安全，DM 的存在导致医师减弱在临床实践中探索和研制新技术和新治疗方案的动力，在一定程度上阻碍了医学科学的发展与进步（赵银仁，2018）。

综上，DM 行为的存在势必会给我国深化医药卫生体制改革造成巨大的阻力，严重影响着"为群众提供安全、有效、方便、价廉的医疗卫生服务"目标的实现。因此，控制医师的 DM 行为是新时期医药卫生体制改革过程中迫切需要解决的一项重要课题。

二、研究意义

本研究具有重要的理论和现实意义，主要体现在以下方面：

1. 研制出具有较高效度和信度的 DM 行为测量工具，为测量、评价和分析 DM 行为提供了工具支持

目前，国内的 DM 行为测量主要以医师直接问卷调查为主，存在效度和信度不高的缺陷。国外应用的医师临床情景调查法和卫生保健使用研究法也存在各种不足之处，难以得到广泛应用。基于此，本研究在Delphi 法的基础上，研制具有逻辑关系的两个配套使用的 DM 行为测量工具，一个是临床路径，另一个是 DM 行为识别标准。两个测量工具需要结合病历回顾性评判法和医师问卷调查法应用。本研究研制的 DM 行为测量工具将大大提高调查的效度和信度。

2. 构建出 DM 行为形成机制模型，为解释、预测和干预 DM 行为提供了理论依据

医师的临床决策行为是复杂的，收入不是唯一的决定因素，因此分析各因素对医师 DM 行为的影响时应该结合医师的行为模型，否则无法深入解释各因素影响医师 DM 行为的原因和作用机制。既往研究中，尚未发现构建出医师 DM 行为的理论模型或实证研究，更没有将医师行为模型与各种因素结合起来进行研究，缺乏各因素影响医师 DM 行为的过程分析，因此从理论和实证上难以深入揭示各因素影响医师 DM 行为的内在的作用机制。本研究从法经济学视角构建出医师 DM 行为形成机制模型，为解释、预测和干预 DM 行为提供了理论依据。

3. 为控制 DM 行为提供了重要的现实依据

以医师 DM 行为形成机制模型为工具，分析医疗损害责任的分配与风险分担机制、医疗纠纷解决机制、医保支付方式对医师 DM 行为的影响及作用机制，发现影响医师 DM 行为的关键环节，并据此对医疗损害责任的分配与风险分担机制、医疗纠纷解决机制、医保支付方式等进行优化和完善，从而为控制医师 DM 行为及产生的危害提供了现实依据。

第二节　研究问题的提出

一、既往研究的不足之处

文献回顾表明，既往已有 DM 行为的测量、成因和影响因素的相关研究，然而既往研究尚存在以下薄弱环节：

1. 现行 DM 行为测量方法的效度和信度不高

既往关于 DM 行为测量和调查的研究较少，而且全部是采用医师直接问卷调查的方式。由于该种方法有一定的局限性，主要体现在医师可能较难区分诊疗行为究竟是出于防御性目的还是其他目的，而且医师出于各种考虑可能会高报或低报自己的 DM 行为的数量。因此，调查的效度和信度受到一定威胁。另外，医师临床情景调查法、卫生保健使用研究法也存在一定缺陷。比如，在医师临床情景调查法中，由于医生均是在假设的情景下做出的行为反应，所以未必能真正反映出医生真实的DM 行为倾向。虽然卫生保健使用研究法能验证不同等级医疗责任风险之间的增量差异，但无法获得某地区或某机构临床医生 DM 行为的总量。

2. DM 行为的形成机制尚不够明确

既往关于 DM 行为的成因和影响因素研究，主要从基于流行病的研究思路，以医师个体为单位，探讨 DM 行为程度与医生的人口社会学特征和医疗执业经历等因素之间的统计学联系，这样虽然能提示各因素与

DM 行为之间数量依存的关系，但关于各项因素与 DM 行为之间为什么会有这种联系探讨得不够深入，缺乏各因素影响医师 DM 行为的过程分析，因此难以深入揭示各因素影响医师 DM 行为的内在作用机制。另外，现有关于影响因素的研究主要集中在医生个体因素上面，这些都属于内生变量。而关于外生变量（外部约束条件）的变化如何影响医生的 DM 行为研究较少。

二、研究问题的提出

基于既往研究的不足之处，提出以下研究问题：

1. 如何科学测量 DM 行为？

为了减少和控制医师的 DM 行为，首先需要研制出测量医师 DM 行为的工具和方法，并对 DM 行为进行深入的专项调查研究，从而更科学地了解和分析 DM 行为的类型、水平、分布和主要特征。因此，如何开发出符合我国国情的，具有较高可行性、效度和信度的 DM 行为测量工具，是调查、监测、分析和控制 DM 行为的基础。然而，由于医疗服务的专业性和技术性较强，医师的 DM 行为具有较为隐匿的特点，既往研究所采用的医师问卷调查法存在效度和信度不高的缺陷，难以对 DM 行为进行准确的测量。因此，如何制定出符合我国国情的、具有较高效度和信度的 DM 行为测量工具和方法，并开展系统的专项调查是本研究需要回答的一个重要科学和现实问题。

2. DM 行为的关键影响因素及形成机制是什么？

明确 DM 行为的关键影响因素及形成机制是解释、预测和干预 DM 行为的主要理论工具，因而是本研究解决的另一个关键科学问题。从定义来看，DM 行为是医师为了避免医疗纠纷和诉讼而采取的诊疗行为。而产生医疗纠纷和诉讼的主要原因是在诊疗过程中造成了不同程度的医疗损害。从医学的角度来说，医疗损害风险只能在一定程度上减小，而不能从根本上消除，它总是存在的。因此，如何合理地分配和分散医疗损害风险就成了最关键的环节。对这些环节采取不同的制度设计将对医师的 DM 行为产生较大的影响，进而影响最终政策目标的实现。《中华人民共和国民法典》第七编"侵权责任"之第六章"医疗损害责任"中明确规定了医疗损害责任如何在医患双方之间进行分配。《中共中央、国务院关于深化医药卫生体制改革的意见》中明确提出要"完善医疗执业保险，完善医疗纠纷处理机制"。《中共中央、国务院关于深化医疗保障制度改革的意见》中提出要建立管用、高效的医保支付机制。本研究从法经济学的角度，构建医师 DM 行为形成机制模型，并以此为工具分析医疗损害责任的分配、风险分担和医疗纠纷解决对医师 DM 行为的影响及作用。

第三节 研究思路与方法

一、法经济学研究视角

法经济学是运用有关经济学的理论、方法研究法学理论和分析各种法律现象的学说，它以"个人理性"及个人主义方法论为研究方法基础，以经济学意义上的"效率"为核心衡量标准，以"成本—效益"

及最大化方法为基本分析工具（卢现祥，2007）。用法经济学的工具、方法分析和解决法律、政策问题，尤其是侵权责任法律，是近几十年兴起于西方的一种潮流（罗伯特·考特，2010）。从医学的角度来说，任何诊疗活动都是有风险的，而且这种风险只能在一定程度上减小，并不能完全消除，也就是说医疗损害无法完全避免，其作为侵权责任的一种类型，也适用法经济学的分析方法和工具。

根据科斯定理，侵权行为是社会不得不付出的成本，但如果这些成本不被有效地内部化，其所产生的成本不被从事该行为的当事人承担，那么侵权行为的水平将超过社会需要或者可以容忍的最优水平，从而使总成本远远大于这些行为可能产生的收益，因此就要对侵权行为进行约束，侵权法的约束是通过补偿和威慑来实现的。侵权法通过设定一系列归责原则，以补偿效应和威慑效应共同作用于当事人，在允许当事人从事可能产生损害的行为同时，要求当事人付出一定的预防成本来避免损害的发生，从而实现侵权行为的社会最优化选择（波斯纳，2005）。这种补偿构成了预防的预期成本，用以威慑当事人符合侵权法要求的预防标准。侵权法的经济分析就是要揭示如何选择最佳的归责原则以促使社会实现最优化的预防水平。利用归责原则补偿损失、威慑侵害，以激励当事人进行社会最优化预防是侵权法的主要作用机制。

本研究从医疗损害责任产生的激励机制入手，以期望效用理论为基础，以医疗损害成本函数经济模型和医疗服务量选择模型为工具，运用成本收益分析方法，预测和分析医疗损害责任对医生诊疗行为的影响，从而推导出医师产生防御性医疗行为的原因及形成机制。

二、资料收集方法

（一）文献检索法

1. 文献查阅目的

文献查阅的目的包括以下方面：①为制定和完善本研究的调查工具提供依据；②为本研究提供理论分析工具。

2. 文献来源

文献主要来源于以下方面：①外文文献有 Medline、EMBASE、HealthSTAR、OVID 等外文数据库；②中文文献有 CNKI、维普、万方等中文电子数据库；③国内各级卫生行政主管部门的网站、GOOGLE 搜索网站等；④相关的法律、法规及政策，如《中华人民共和国民法典》《医疗事故处理条例》等。

3. 检索词及检索策略

将"防御性医疗""医疗损害""医疗纠纷"等词作为关键词或主题词进行检索，文献类型不限，检索时间范围为 2000 年 1 月 1 日至 2021 年 12 月 31 日。

（二）病例回顾性评判法

本研究应用"病例回顾性评判法"测量临床医生在脑出血诊疗过程中的防御性医疗行为，具体步骤如下：

1. 病例选择及数量

河北省某三甲综合医院第一入院诊断为脑出血（ICD-10 为 I61）的

住院患者，共 110 例。该批住院患者分布在神经内科一病区（11 例）、神经内科二病区（7 例）和神经外科（92 例）3 个临床科室，其中内科治疗 71 例（占 65%），外科手术（行开颅血肿清除术（ICD-9-CM-3：01.24））治疗 39 例（占 35%）。

2. 调查步骤

第一步，住院病历摘录。

选择 8 名卫生管理专业的三年级本科生作为病历摘录员，到医院病案科对符合条件的 110 份脑出血住院病历进行查阅和摘录，摘录重点内容包括病案首页信息、长期和临时医嘱单、知情同意书类型与数量、会诊情况、转诊情况、出院记录等。之后，到医院信息科查询 110 例患者的住院总费用及各分项费用。

第二步，不必要诊疗服务的测量。

聘请该院神经外科中具有副主任医师职称的临床专家作为病例评判员，结合国家卫生健康委颁布的两个临床路径版本（内科保守治疗和外科手术治疗）对 110 例脑出血患者的医嘱进行评判，并列出住院诊疗过程中存在的不必要检查服务项目的类型和数量。

第三步，防御性医疗行为的测量。

对负责该 110 例住院患者的 28 名经治医师（其中采取内科保守治疗的医师 19 人，采取外科手术治疗的医师 9 人）进行调查，请各医生列出对每名住院患者出于自我保护目的而实施的不必要的检查化验项目。

（三）问卷调查法

1. 调查对象

调查对象为河北省某三甲综合医院各临床科室的临床医师。原计划采取普查的方式进行调查，但由于部分医师因倒班、进修或请假外出未能参加本次调查。共发放调查问卷476份，实际填写和回收问卷409份。

2. 调查工具

采用的调查工具为自制的"医疗纠纷对临床医生诊疗行为的影响调查问卷"。问卷设计以国外文献中的调查问卷为基础，广泛听取相关专家的意见，结合中国国情和被调查医院的实际情况对调查问卷进行适当修改，以加强对本土调查的适应性。

3. 调查内容

调查内容主要包括：性别、工作年限、学历、职称、所在科室及最近两年医疗纠纷发生情况、发生医疗纠纷的原因及解决途径、对医疗纠纷处理结果的认知、发生医疗纠纷造成的损失、对现行医患关系的认知、新闻媒体报道的公正程度、医患纠纷的原因、医疗纠纷对个人诊疗行为的影响程度、对个人生活和精神压力的影响；对让子女从事医疗工作的意愿等方面；为了应对可能出现的医疗纠纷和医疗诉讼，而采取的以下行为：①增加病人的会诊、转诊；②回避收治高危病人；③回避高风险的诊疗方案或操作；④交代病情时，适度夸大病人的病情；⑤增加检查和化验项目；⑥多为病人开具药物；⑦放宽下达病重、病危医嘱及护理等级标准；⑧增加请示上级医生的次数；⑨更多的告知（知情同意）；⑩更详细的病情记录。是否有参加医疗责任保险的意愿，认为参加医疗责任保险、实施预付制、减轻医师在医疗纠纷中的责任对改善防御性医疗行为是否有帮助。

4. 调查方式

调查员由作者和某医学院的本科生担任，整个调查采用调查员和医师面对面调查的方式进行。

5. 调查质量的控制

为保证调查质量，获取真实可靠的信息，本调查采取了以下质量控制措施：①该调查由医院法制办负责人 Z 通过行政命令的方式在院内统一组织实施；②在正式调查之前，到该院神经内科进行了预调查，并对问卷进行了修改和完善；③为保证问卷中个别问题的口径相一致，笔者对调查员进行了统一培训，并要求在调查过程中遇到任何疑问及时与笔者请示后再做出决定；④整个调查采用无记名方式；⑤调查员在调查过程中向调查对象详细说明调查目的，强调保密、匿名的原则。

（四）访谈法

1. 访谈对象及内容

对该院神经内科和神经外科脑出血患者的 20 名经治医师进行访谈，访谈的主要内容包括是否采取以下形式的防御性医疗行为：①增加病人的会诊、转诊；②回避收治高危病人；③回避高风险的诊疗方案或操作；④交代病情时，适度夸大病人的病情；⑤增加检查和化验项目；⑥多为病人开具药物；⑦放宽下达病重、病危医嘱及护理等级标准；⑧增加请示上级医师的次数；⑨更多的告知（知情同意）；⑩更详细的病情记录。

对 6 例发生过医疗纠纷的医师进行访谈，访谈内容主要包括医疗纠纷的发生情况、对医患关系的评价及原因、对诊疗行为、精神压力等方面的影响。

该院法制办提供了全院医疗纠纷数据库（包括每一起医疗纠纷的编号、投诉人、投诉日期、涉及科室、纠纷原因、处理情况、赔偿金额、技术鉴定数量、起诉数量等），并对该院法制办负责人和工作人员进行访谈，访谈的内容包括医院的医疗纠纷管理机构及人员配置、全院医疗纠纷的数量及变化趋势、医疗纠纷的处理情况、对发生医疗纠纷的医务人员的惩罚措施、医疗风险基金的情况、购买医疗责任保险的意愿、医师对医疗纠纷的反应等。

对神经内科的 10 名在院患者进行访谈，访谈的内容主要包括对医患关系的评价、医患紧张的原因、新闻媒体与其对医师的看法的关系等。

2. 访谈方式及记录

采用正规访谈和非正规访谈相结合的形式。正规访谈，指笔者与访谈对象事先约好在医师办公室或值班室，根据设计好的访谈提纲正式进行访谈。非正规访谈，是指笔者利用参加访谈对象所在科室的周会或与科室医师一起吃工作餐时所进行的交谈。之所以采用以上两种访谈方式，主要是正规访谈和非正规访谈中获得的资料相互之间可以进行补充和交叉检验。

正规访谈采用了现场笔录和现场录音相结合的方式。笔者担任访谈员，并对重要信息进行记录。同时，两位本科生担任访谈记录员，其在访谈过程中对访谈内容进行了详细的笔录，在访谈结束后将访谈过程中未来得及记录的细节及时进行了补充。

（五）参与性观察法

采用观察法的目的主要是为了对通过访谈所获得的资料进行必要补充，丰富本研究所需要的证据，同时验证访谈资料的真实性。笔者参加每两周 1 次的科室例会，参会人员为科主任、科护士长及各病区护士长、所有在院的临床医师。通过1年多来对该科室所有医师的接触，有意识地搜集了部分资料，如科室的日常工作、医疗纠纷的发生及处理情况、医疗纠纷对医师诊疗行为的影响等。在观察过程中，发现了与本研究问题相关的事实，对重要信息进行了及时记录，同时针对未来得及记录的重要内容通过事后回忆的方式进行了补记。

三、资料分析方法

（一）定量资料整理和分析

1. 数据录入和分析软件

将375份临床医师的调查问卷录入 Excel 数据库，再导入 SPSS22.0统计软件进行分析。将110份脑出血患者的病案首页信息录入 EpiData数据库，再导入 SPSS22.0 统计软件进行分析。将110份脑出血患者的医嘱信息录入 Excel 数据库（每项医嘱为一条记录，共14779条记录），具体分析由 Excel 和 SPSS 软件结合共同完成。全院医疗纠纷数据库由该院法制办提供，并用 Excel 软件进行分析。

2. 数据分析方法

计算全院医疗纠纷数量、发生经济赔偿的纠纷数量、发生经济赔偿的纠纷占全院医疗纠纷总数的比重、赔偿总额、例均赔偿数额等指标的算术平均数及平均增长速度；测算各科室医疗纠纷的构成比及临床医师的医疗纠纷发生率。

利用算术平均数、标准差和构成比对375名被调查医师的基本情况进行描述；利用秩和检验中的 Mann-Whitney U 法分析近两年内遭遇过医疗纠纷和未遭遇过医疗纠纷医师对医患关系紧张程度的评价、对其诊疗工作的影响程度、对治疗原则的影响程度、对让子女学医意愿的影响程度的差异进行统计分析。

将医师 10 项防御性医疗行为按照其频率赋予一定的分值，选择"从不"赋 0 分、"偶尔"赋 1 分、"经常"赋 2 分，然后计算每名医师的总分。医师的得分越高表示防御性医疗行为也越高，反之影响越低。用两个独立样本的 T 检验对遭遇过和未遭遇过医疗纠纷医师的防御性医疗行为的严重程度进行统计学检验。

计算脑出血患者住院天数、住院总费用及各项分费用的算数平均数、标准差、中位数、四分位间距、构成比等指标。

（二）定性资料的整理和分析

通过访谈和观察所获得资料多为定性资料。定性资料的整理和分析大致遵循以下步骤和方法：第一步，检查资料是否完整和准确，对资料中遗漏的重要细节进行补充，对简化的重要内容进行扩展，并为每份资料赋予一个唯一的编号；第二步，按照要研究的问题将原始的资料打散，分成若干个类别，比如，按照临床医师采取的防御性医疗行为的类型将资料分成 10 类，将同一类型的资料存放到一起；第三步，对正规访谈、非正规访谈和观察法所获得资料进行定性相关检验，看是否存在证据冲突；第四步，对各类资料进行目的性抽样，抽取那些最有力回答研究问题的资料；第五步，根据抽取到的事实资料进行归纳分析并做出推论，比如，某种形式的防御性医疗行为是否存在？普遍和严重程度如何？

（三）经济学分析方法

1. 经济模型分析法

经济模型是用来描述同研究对象有关的经济变量之间相互依存关系

的理论。通过建立经济模型，首先做出假定，采用抽象法，舍弃那些次要的、非本质的、外在的因素或变量，抓住主要的、本质的、内在的因素或变量，使研究的问题简单明了（刘茂勇，2003）。借助经济模型不仅可以将经济现象概括地描述出来，而且还可以预测其产生的相应的激励效果。基于此，本研究建立了医疗损害成本模型，并依据该模型对医疗损害责任对临床医师产生的激励效应进行预测和分析。并遵循以下分析步骤：

在分析医疗损害归责原则对医师行为的影响时，在最初阶段，先做出了几个隐含的假设预测和分析在这些假设成立的前提下，面对潜在的医疗损害，医务人员将会采取怎样的医疗损害预防水平和诊疗活动水平。逐步放松各种假设（理性假设除外），以便使得医疗损害成本模型更为接近现实世界。通过放松这些假设分析对以前得到的结论有无影响，以及这种影响的作用是什么。

2. 静态均衡分析和比较均衡静态分析

经济学中的均衡，系指经济决策者意识到如果重新调整资源配置方式或购买方式已不能获得更多利益，从而不再改变其经济行为时的状态。所谓静态均衡分析，就是分析经济现象的均衡状态以及有关的经济变量处于均衡状态所必须具备的条件，但并不论及达到均衡状态的过程，即完全不考虑时间因素，只考察任一点上的均衡状态。比较静态均衡分析就是分析在已知条件变化后，经济现象均衡状态的相应变化，以及有关经济变量在达到新的均衡状态时的相应变化。比较静态分析只是对个别经济现象一次变动的前后以及两个或两个以上的均衡位置进行比较分析，而舍掉对变动过程本身的分析。

本研究首先从社会的角度分析和确立最优的预防水平，即边际社会预防成本等于边际社会损害成本的均衡点所对应的预防水平，并提出过度预防的判断标准，如果医师实际的预防水平高于最优预防水平即出现过度预防（防御性医疗行为的一种形式），低于最优预防水平即预防不足。本研究逐步放松各种假设后，医师的预防水平将实现新的均衡点，通过将新的均衡点与最优预防的均衡点进行比较得出是否存在过度预防的结论。

3. 期望效用理论

期望效用理论认为，当经济主体需要面对行为结果不确定时，会按照它预期效用评价一个潜在行动。一项行动的预期效用通过如下方法获得：用这一行动所可能导致结果的概率乘以这一结果的效用，然后把所有可能结果的价值相加。主体会选择预期效用最高的行动。该理论主要用来解释在满足一定的理性决策条件下人们将如何表现自己的行为（董志勇，2006）。

本研究中，面对可能出现因医疗损害而产生的医疗纠纷和医疗诉讼风险，医师和社会需要做出是否进一步采取预防措施的选择。如果进一步采取预防措施，将确定增加预防的成本；如果不采取，则会增加医疗损害的预期成本，即医疗损害预期成本＝医疗损害造成的损失×医疗损害发生的概率。面对需要做出的此项决策，理性的医师或社会将会做出何种选择，期望效用理论能做出较好的回答。因此，本研究应用了期望效用理论来分析医疗损害责任压力对医师行为的激励效应，并对医师的行为进行预测和分析。

三、技术路线

本研究的技术路线见图1-1。

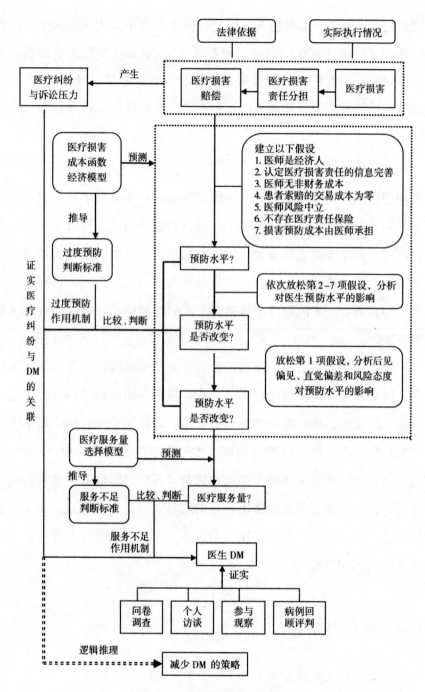

图1-1 本研究的技术路线图

第四节　结构安排与创新点

一、本书的结构安排与主要内容

本书一共分为七章。

第一章　绪论

简要论述了选题背景、理论意义与现实意义。分析了既往研究存在的主要不足之处，提出了本研究的两个核心科学问题。介绍了法经济学及本研究的理论视角、资料收集方法、资料分析方法和技术路线。描述了本书的章节安排及主要创新之处。

第二章　文献综述

系统回顾了防御性医疗的主要研究成果，主要包括以下内容：防御性医疗的定义与分类；防御性医疗的测量方法，包括医师直接调查法、医师临床情景调查法、诊疗记录评判法、计量经济学模型分析方法；防御性医疗行为的国内外研究现状；防御性医疗成因及影响因素的国内外研究现状。

第三章　防御性医疗的测量分析

以防御性医疗行为的概念为出发点，以河北省三甲综合医院为案例，从医院宏观和医师个体微观两个层面入手，综合运用了问卷调查、病例回顾性评判法、访谈和观察多种资料收集方法，并借助方差分析、多元线性回归等统计方法，描述和分析该院医疗纠纷和医疗诉讼的发生情况及对临床医师诊疗行为的影响。并推导出在医疗纠纷和诉讼压力下，医师是否采取了防御性医疗行为？如果采取了，防御性医疗行为存在的主要类型和表现形式是什么？存在的普遍性和严重程度如何？在回答医疗纠纷和诉讼压力为什么会导致防御性医疗行为的产生之前，应先回答医疗纠纷是如何产生的？应该如何处理和实际是如何处理的？

第四章　医疗损害责任的经济学解释

医疗纠纷和诉讼压力主要是因为医患双方在以下三个逐级递进的环节不能达成共识而产生的。①医师为患者诊疗的过程中是否发生了医疗损害事实？损害的程度有多大？即医疗损害事实的认定问题。②如果确实发生了医疗损害事实，医疗损害的责任到底应该由谁来承担？医师、患者还是双方共同承担？即医疗损害责任的分担问题。③如果应该由医师承担，医师将以何种形式和在多大程度上来承担医疗损害责任？即医疗损害责任大小的问题。从经济学的角度来说，在处理以上三个环节的争议时适用的规则不同、处理的实际结果不同，将会对医师产生不同的激励作用，也会直接影响到医师今后的诊疗行为。本部分主要围绕着这三个环节来分析其适用的法律依据及经济学解释。

第五章　法经济学视角下医疗损害责任对防御性医疗的影响机制

本章是本书的重点研究内容，也是主要创新之处。本研究从医疗损害责任产生的激励效应入手，推导防御性医疗行为产生的原因及形成机制。将防御性医疗行为分成医疗损害过度预防和医疗服务量不足两种形式，并分别分析两种防御性医疗行为产生的原因及形成机制。

1. 医疗损害过度预防产生的原因及形成机制

从医疗损害责任产生的激励效应入手，根据以下分析框架，推导出医疗损害过度预防产生的原因、主要影响因素及作用机制。

首先，建立医疗损害成本函数经济模型，从社会的角度分析和确立最优的预防水平，即边际社会预防成本等于边际社会损害成本的均衡点所对应的预防水平，并提出如果医师实际的预防水平高于最优预防水平，即出现过度预防防御性医疗行为的一种类型。

其次，分析医疗损害归责原则对医师预防行为的激励效应：面对医疗损害，做出选择的依据是效用最大化，决策的过程是成本收益分析（又称风险效用分析）。在分析医疗损害归责原则对医师预防行为的影响时，在最初阶段，先做出了几个隐含的假设：①医师是经济人；②认定医疗损害责任的信息完善；③医师无非财务成本；④患者索赔的交易成本为零；⑤医师风险中立；⑥不存在医疗责任保险；⑦损害预防成本由医师承担。预测和分析在这些假设成立的前提下，面对潜在的医疗损害，医务人员将会采取的医疗损害预防方法。

再次，在以上各项假设中，除第⑥项外，其他各项假设并不符合我国的现实情况。之所以做出以上各项不符合现实的假设，主要原因是在这些假设条件下，医师医疗损害的预防水平的均衡点将作为判断医师是否过度预防的参照点。因此，接下来将逐步放松各种假设（理性假设除外），以便使医疗损害成本函数经济模型更为接近现实世界。通过放松这些假设，分析对以前得到的结论有无影响、影响是什么。主要是指放松假设后医师的预防水平将实现新的均衡点，通过将新的均衡点与最优预防的均衡点进行比较，得出是否存在过度预防的结论。

最后，根据以上分析，推导出医师过度预防行为产生的原因、主要影响因素主作用机制。

2. 医疗服务量不足产生的原因和形成机制

运用医疗服务水平选择模型，推导出在过失责任原则下医师的最优服务量，并将其作为医师是否存在诊疗服务量不足的判断标准。若规定医师提供诊疗服务的数量小于该服务量，则认为医疗服务量不足，即医师存在防御性医疗。在此基础上，分析影响医疗服务量不足的关键因素。

第六章　有限理性条件下防御性医疗的经济学分析

第五章假设医师是完全理性的，然而现实世界中的医师通常是有限理性人。本章放松对决策者是理性的假设，分析法院在判断医师过错标准时存在的后见偏见、患者在判断医疗损害中医师应承担的责任时的直觉偏差、医师在判断医疗纠纷发生概率时的直觉偏差对医师预防行为的影响。

第七章　结论与建议

首先，总结了本研究的主要发现：防御性医疗普遍存在；积极型和消极型防御性医疗共存；一般医疗损害赔偿适用于过错责任原则，但有类无过错责任原则的趋势；积极型防御性医疗的形成机制；消极型防御性医疗的形成机制。其次，治理防御性医疗的对策建议，主要包括综合应用以"临床路径"为主的多种防御性医疗的测量方法，减少和控制防御性医疗的策略和措施。

二、本书的主要创新点

本书的主要创新点包括以下三方面：

1. 研制出 DM 行为测量工具，为 DM 行为的测量和分析提供了新工具

与既往研究不同，本研究从 DM 行为的概念出发，首次开发出了具有逻辑关系的两个配套使用的 DM 行为测量工具。第一个工具用来判断医师的诊疗行为是否偏离了诊疗规范。第二个工具用来区分诊疗行为偏离临床路径的主要目的。其中，第二个工具主要通过 Delphi 法获得。根据偏离诊疗规范的原因，将诊疗项目分为三种类型：确定 DM 行为、确定非 DM 行为和不确定 DM 行为。两个测量工具需要结合病历回顾性评判法和医师问卷调查法应用。虽然，本研究研制的测量工具还未达到十分完善的地步，但其效度和信度在现有基础上有了一个较大的提升。

2. 构建出 DM 行为形成机制模型，为明确 DM 行为的形成机制提供了新的理论视角

与传统研究不同，本研究突破了以往"影响因素——DM 行为"的较简单的研究思路，从法经济学视角，构建出医师 DM 行为形成机制模型，并以此为工具，分析医疗损害责任的分配、风险分担机制和医疗纠纷解决机制对医师 DM 行为的影响及作用机制，并进行实证分析，为完善相关的制度设计提供了重要的理论依据，也是本研究的主要创新之处。

3. 为有效控制 DM 行为提供了新思路

以医师 DM 行为形成机制模型为指导，从医疗损害责任的分配、风险分担机制、医疗纠纷解决机制、医保支付方式等制度入手，提出控制 DM 行为的制度优化方案，为有效控制 DM 行为提供了新思路。

第二章　文献综述

第一节　防御性医疗的定义与分类

一、防御性医疗的定义

美国学者坦克雷迪（Tancredi LR）等人于 1978 年在 Science 杂志上首次提出了防御性医疗（defensive medicine，DM）的概念，DM 是指医师在诊疗疾病的过程中为避免医疗风险和医疗诉讼而采取的防范性医疗措施。目前，国际上普遍公认美国技术评估办公室对 DM 的解释："DM 是指当医师开具各类检查单、进行诊疗服务时，并不是完全出于患者疾病的考虑，而是为应对可能发生的医疗纠纷和医疗诉讼。在诊疗过程中，医师采取一些非诊疗规范之内所要求的行为以留下尽可能多的诊疗证据，证明自己在整个诊疗过程中已充分履行自身的职责，回避可能导致自己陷入不利情况的可能性，即使以后被投诉或者陷入医疗纠纷，也能提交足够的证据，从而使自己免受损害。"由此可见，构成 DM 行为需要符合两个条件：第一，医师的诊疗行为偏离了规范化医疗服务准则；第二，医师这样做的目的是规避医疗纠纷和诉讼风险。

二、防御性医疗的分类

目前比较认同将防御性医疗行为按照其主要表现分为 3 类：第一类是"积极型防御性医疗"。主要表现为医师"热情"地为患者做各种各样名目繁多的检查、治疗和邀请专家会诊。第二类是"消极型防御性医疗"。主要表现为医师对有较大风险的危重病人，拒绝为他们治疗。第三类是医疗同意书制度，医院对病人实施各种有风险的诊疗措施时，或涉及病人需承担高额费用的诊疗措施时，必须在同病人签订医患双方权利义务的文书后，医方再实施具体医疗的行为。但也有个别研究按其他标准来分类，如华长江《防御性医疗行为的分类和管理》一文指出，防御性医疗可分为积极防御和消极防御、集体防御和个体防御以及适当防御和过度防御等。

第二节　防御性医疗的测量方法

一、医师直接调查法

医师直接调查法，即让医师估计他们考虑医疗事故的易发性而采取额外检查或治疗，或是避免为某些患者治疗的频率有多大。要求医师列出某个时间段他们改变的行医行为和原因（杜凡星，2021）。由于该种方法操作起来相对比较简单，所以在世界各个国家得到了广泛使用

（PANELLA M，2017）。然而，该种方法有一定的局限性，主要体现在医师可能较难区分诊疗行为究竟是出于防御性目的还是其他目的，而且医师出于各种考虑可能会高报或低报自己防御性医疗行为的数量（KAPP M B，2016）。

二、医师临床情景调查法

医师临床情景调查法，即让医师们对特定的假设情境做出回应。比如，事先给出一个假定的病例，并提供出患者疾病的一般情况（如主诉、症状、体征和既往史等）和基本的实验室和仪器检查结果。请每一个被调查者给出进一步检查和治疗的项目，并说明采取诊疗项目的理由（赵娟，2021）。根据被调查者的选择来判断其是否存在防御性医疗、存在的程度等。1993 年格拉斯曼（Glassman）等人做了一个研究，用于检测受保于新泽西医学保险交易所的新泽西州的医师们对防御性医疗的使用情况。他给 835 位医师设定了特定情境，问他们会做出什么样的临床决定，并在一个最高 5 分的评定表上，估算某些因素影响他们决定的程度。为了提供防御性医疗行为的更多信息，1993 年 OTA 对美国妇产科学会（ACOG）、美国心脏病医学会（ACC）和美国外科医师学会（ACS）的成员们还做了一个专门的临床调查。该种方法相对比较复杂，有较高的技术含量，要求调查问卷的制定者有较深入的医学知识。另外，由于均是医师在假设的情景下做出的行为反应，未必能真正反映出医师真实的防御性医疗行为倾向，所以在实际的研究中应用相对较少（KIM E K，2018）。

三、诊疗记录评判法

诊疗记录评判法主要包括模糊标准法、明确的非诊断性标准法、明确的诊断别标准法（徐莉，2016）。①模糊标准法：由医师评阅病人的全部记录，并判断出这些卫生服务是否恰当或必要，在评阅过程中，研究者不需要告诉评阅者任何判断信息，完全依靠评阅者的知识、经验等技能进行判断和权衡（HE A J，2014）。②明确的非诊断性标准法：该方法给评阅者提供了一系列各类诊断的通用具体标准，并详细说明评阅过程，从理论上讲，明确的非诊断性标准应具有客观性、可靠性及统一性。评阅重点放在某项具体服务或者住院病人，而不是具体诊断上，由非医师评阅者评阅病历。③明确的诊断别标准法：对于每类疾病都有明确的诊疗原则和严密的评阅程序，评阅者严格按照评阅程序对每个步骤的适宜性进行评价。

以上三种方法虽然可以判断出医师的诊疗服务中是否存在不必要的诊疗服务项目，但是却无法准确判断哪些不必要的诊疗项目是出于防御医疗责任风险，哪些是出于追求利益或其他目的，因此该方法无法获得满意的结果（SMITH T R，2016）。

四、计量经济学模型分析方法

医疗纠纷或诉讼风险与防御性医疗行为关系的分析通常采取卫生保健使用研究法，即以现有的卫生保健使用数据为基础，应用计量经济学模型分析医疗事故风险的易发性对卫生保健使用的影响（赵娟，2021）。比如，以某种消极的防御性医疗行为或积极的防御性医疗行为（如开具

MRI 的检查单数量）为因变量，不同等级的医疗责任风险（可以用医疗纠纷的数量或医疗责任保险费用的高低来表示）为自变量，通过建立计量经济学模型，在控制各种混杂因素的基础上，检验不同等级的医疗责任风险与防御性医疗行为之间的关系。该方法能验证不同等级医疗责任风险之间的增量差异，但无法获得某地区或某机构临床医师防御性医疗行为的总量。

第三节　防御性医疗的现状研究

一、国外研究现状

美国学者 1984 年对医疗行为进行的一项调查显示，1983 年美国年防御性医疗消费 370 亿美元，占全美医疗费用的 14%（Summerton N，1985）。1982 年，美国马萨诸塞州统计全年防御性医疗近 10 亿，占全州医疗费用的 12%。美国另一项回顾性调查研究显示：头颅外伤采取诊疗措施拍片中，防御性目的占 30%；安慰患者目的占 16%；判断失误占 11%；出于必须医疗诊断目的占 43%。2006 年，美国一些评论家在美国健康保险计划赞助的一个新闻发布会上称，美国公民为卫生费用所花费的每一美元之中就有 10 美分是耗费在防御性医疗行为上的（Toker A，2008）。美国一些年轻医师不愿意进入虽最感兴趣，但却存在高风险的医学专业领域，他们选择了并不一定感兴趣，但少有风险且有前景的专业领域（Ryan K，2009）。这是属于防御性医疗范畴的一种极端表现形式。美国外科学会的一项调查表明，有 40%的外科医师不再接受高危会诊，28%的外科医师仅仅因为有医疗过失的危险而不再进行某些手术，而继续行医的医师被迫对患者进行所有能做的化验及检查，以防止未来因疏忽而遭到指责。

最新一届美国骨科医师学会年会（AAOS）在圣地亚哥举办，年会上一项新的研究发现，宾夕法尼亚州56名骨科医师在1643个病例中进行了324次防御性影像学检查，占比为20%，其中有161次磁共振检查，占比为50%。Flynn和他的研究小组对防御性影像学检查的审核结果如下：放射检查：1119例中128例为防御性检查，占比为11%；MRI：425例中161例为防御性检查，占比为38%；CT：40例中13例为防御性检查，占比为33%；骨骼扫描：23例中13例为防御性检查，占比为57%；超声检查：17例中9例为防御性检查，占比为53%；最后，总检查费用为325309美元，防御性影像学检查约花费了113369美元，占总检查费用的35%。磁共振检查费用占到了防御性检查总花费的86%，总检查费用的30%。

德国学者研究显示：对诉讼的谨慎恐惧不仅影响了医师的情感，也影响了他们对待病人的态度，损坏了医患和谐的伦理关系（Bob Roehr，2011）。1989—1990年，荷兰调查16位家庭医师在31343人次诊疗过程中，基于防御性医疗目的，开出的诊疗措施有8897次（Van Boven K，1994）。英国精神科医师调查结果显示，约3/4都采取过防御性医疗行为。英国的一项研究表明，被调查的全科医师比五年前明显开出更多的诊断检验单、对病人进行转诊、在一定情况下避免对高危病人实施诊疗。

以色列一项针对耳、鼻、喉医师所做的研究表明，在进行扁桃体切除术之前医师要求病人进行凝血酶原时间的测试中，有45.4%的检查开单是出于防御性医疗目的。Ryan K等人在美国康涅狄格医学杂志中发表的论文中提到，1994—2003 年之间，在排除了其他混杂因素的影响下，发现剖宫产的比例呈非正常快速增长，妇女分娩在医学上是一个较为复杂的过程，自然分娩中母婴双方有较大的可能发生各种各样的并发症，而采用剖宫产则可以在很大程度上避免这些并发症，因此该文认为这一现象可以作为说明防御性行为在逐年增加这一情况的佐证。哈佛大学公共卫生学院的 Studdert DM 等人在美国医学学会杂志发表的一篇论文中提到，在受调查的 824 名内科医师中，有 93%的医师曾有过防御性医疗行为，92%的人曾经采取过积极的防御性医疗行为，如开具检查单、转诊等，而其中 43%的人在不必要的情况下使用了影像检查设备。

二、国内研究现状

对医师防御性医疗行为进行现场调查并运用定量测量技术的系统研究较少，仅检索到 4 项研究。台湾大学卫生政策与管理研究所利用自制的调查问卷对台北市医师工会全体会员等距抽样的研究发现，防御性医疗行为在台湾医师的职业过程中，已不再是零星或偶发的现象，存在相当普遍。深圳市儿童医院的刘琼对该院 213 名在临床科室工作的医师进行问卷调查后发现，防御性医疗行为得分的平均值为 43.822，标准差为4.652，说明在该问卷中被调查者的选择多为"有时"采取防御性医疗行为，也即这些被调查者很大一部分都存在防御性医疗行为。北京解放军 309 医院的程红群等人应用自制的调查问卷，在北京 9 家三级甲等医院的 512 名医师中进行了问卷调查，发现 512 名医师均有不同程度的自卫性医疗行为，其中 407 名（79.49%）医师的自卫性医疗行为程度偏高（程红群，2003）。曹志辉通过对河北省某医学院附属医院的 375 名医师的问卷调查发现，82.9%的医师表示医患纠纷对诊疗工作的影响非常大或较大，且这种影响越来越大，影响主要表现为医师采取增加病人的会诊、转诊，回避收治高危病人，回避高风险的诊疗方案或操作，交代病情时适度夸大病人的病情，增加检查和化验项目，多为病人开具药物，放宽下达病重、病危医嘱及护理等级标准，增加请示上级医师的次数，更多的告知（知情同意），更详细的病情记录等对策。375 名医师均采取过 DM 行为，DM 行为平均得分高达 14.8 分（曹志辉，2014）。

多数研究认为，防御性医疗具有正负两方面的影响。其正面影响主要有：更加认真、仔细的病情记录；为病人做更为详细的病情解释工作；各种普查和筛选检查更为细致；开展更多的病人满意活动，如为病人进行健康教育等，这些医疗行为将有助于病人对服务满意度的提高，无疑是有益于病人的（黄东亮，2016）。除了正面影响外，防御性医疗还带来较大的负面影响（王香平，2005）。有人认为，积极型防御性医疗行为增加了患者就医成本，消极型防御性医疗有可能使某些危重病人得不到及时而有效的治疗，延误病情，造成不必要的健康损失，甚至使患者的生命风险增大（和经纬，2014）。从社会层面考虑，过度地采用防御性医疗，增加检查项目，增加会诊次数，极大地浪费了医疗资源（徐凌忠，2014）；同时，也将进一步恶化医患关系和阻碍医学科学的发展与进步（刘雪娇，2018）。

第四节　防御性医疗的成因及影响因素研究

一、国外研究现状

（一）医师行为模型研究

国际上对医师行为模型的研究，主要侧重在医师工作行为影响因素研究。医师行为模式研究主要根据经济学关于追求个人效用最大化的理论，以个人效用决定因素作为工作行为影响因素的基础，研究方法是先建立理论模型再做实证研究。在 Gaynor 的研究中，提出医师个人的效用函数为：$u=y-v(e,h)$。y 代表净收入；v 代表个人努力程度和工作时间的函数关系；e 是努力程度；h 为工作时间。效用最大化的条件是边际收入等于边际效用成本，该研究用实际数据验证，激励机制能产生更高的努力程度，并最终影响工作量。Tai-Seale 研究医师行为变化的模型，他假设医师追求效用最大化，医师享受收入和休闲时间，但会考虑诱导需求导致的心理成本。医师收入取决于支付水平与医师投入的差值，如果医师投入恒定，保险支付方式和水平的变化会导致医师收入的变化。为了应对这种预期的变化，医师会调整其提供的服务量，并可能通过诱导需求实现预期的收入水平。随着研究的不断深入，学者们提出各种不同的诱导需求行为理论模型，主要包括目标收入假说、效用最大化模型、利润最大化模型、委托代理模型。然而，关于医师 DM 行为模型的研究较少，只有对医师 DM 行为影响因素的实证研究，尚未建立较成熟和全面的理论模型，缺乏医师 DM 行为特征的研究和归纳。

（二）防御性医疗行为的成因与影响因素分析

Taha MA 发表在马来西亚医学杂志上的文章提到，医师对如何规避法律责任的认识越来越深入、病人对医疗预后的期望更高、医疗服务商业化进程对医患关系的腐蚀等因素致使医疗服务中的防御性医疗行为越发普遍。莫斯科的一项研究提出防御性医疗行为存在的最根本的原因是医患关系诚信缺失。

对于防御性医疗行为的影响因素研究较少，仅在最近几年才出现。英国的研究生医学杂志对英格兰的 154 名精神科医师进行调查，问卷调查结果显示，影响防御性医疗行为的主要因素是：自己（或同事）的被投诉经历、自己治疗的精神病患者有自杀事件的发生等。此外还发现资历浅的精神科医师更倾向于采取防御性医疗行为，其原因分析为可能因资历浅的精神科医师缺乏自信或经验。Studdert DM 等人的调查显示，医师的医学专业领域不一样、对保险公司的信心、独立执业还是团体行医等均可能影响医师的防御性医疗行为。

二、国内研究现状

（一）防御性医疗行为成因方面的研究

关于防御性医疗行为成因方面的研究较多，而且主要应用的是定性研究方法。刘俊荣等人认为，医疗实践的高风险性和医疗结果的不确定性，要求医务人员具有高度的警惕意识，导致了防御性医疗的出现。患者维权意识增强与信息优势是产生防御性医疗行为的重要原因。刘琼等人认为，医学模式转变与市场经济发展是导致医师防御性医疗行为的重要原因之一。美国 MBA 医学管理专家刘常平和李明众等人认为，由于举证责任倒置司法解释的实施，加重了医务人员的思想压力，医师们自然会很担心自己遭到起诉。在这种情况下，医师就会采取"防御性医疗"，防御是为了自我保护。杨秀梅等人认为，医患双方信任度下降和不断增加的医疗纠纷导致医师为避免医疗纠纷和不必要的麻烦，开始采取防御性医疗。宋咏堂认为，医疗机构和医疗保险机构对医师的外在压力也是产生防御性医疗行为的原因之一。

（二）防御性医疗行为的影响因素研究

到目前为止，已有 3 项研究在现场调查的基础上应用了统计分析方法对医师防御性医疗行为影响因素进行了较为系统的研究。台湾大学卫生政策与管理研究所发现，对于医师采取防御性医疗行为种类数具有显著影响的因素如下：医师资格、执业年数、执业地点、同业采取防御性医疗行为的情形、同业采取防御性医疗行为的种类数等变项，有医疗纠纷经验的医师，其采取防御性医疗行为的比率是没有医疗纠纷经验的4.24 倍。同业有采取防御性医疗行为的医师，采取防御性医疗行为的比率是同业没有采取防御性医疗行为的 4.79 倍；同业所采取的防御性医疗行为种类越多的医师，其采取防御性医疗行为的比率越高。

刘琼等人发现，性别、职称、工作部门、受表扬经历以及被投诉经历因素对防御性医疗行为得分的影响均有统计学意义，其中性别、被投诉经历对因变量的影响为正向，而其余的职称、工作部门、受表扬经历等因素对因变量的影响则为负向。在 213 名被调查者中有 168 名认为防御性医疗行为存在其合理性，被调查者对防御性医疗行为合理性的认同程度为 78.9%。针对合理性的认识，不同学历及不同科室之间的理解不一样，其差异存在统计学意义，而在性别之间以及不同职称之间的差异则不明显。此外，分别持有两种不同看法的被调查者各自绘出对防御性医疗行为合理性看法。被访谈者认为医患冲突以及诚信缺失是防御性医疗行为存在的根本原因，其中医院管理者认为应该由社会中介第三方来对医疗纠纷进行处理，才能使医疗行为更加规范化。

北京解放军309医院的程红群等人发现，自卫性医疗行为与医师的年龄、对医患关系和谐与否和医疗环境宽容与否的认知情况相关。

第三章　防御性医疗的测量分析

第一节　基于医师直接调查法的防御性医疗调查分析

本章以河北省三甲综合医院为案例，从医院宏观和医师个体微观两个层面入手，综合运用问卷调查、访谈和观察多种方法，描述和分析医疗纠纷和医疗诉讼的发生情况及对临床医师诊疗行为的影响。

一、案例医院医疗纠纷发生情况分析

1. 医疗纠纷的界定

本部分内容所指的医疗纠纷，是在案例医院发生的医疗纠纷，特指医患双方对在医疗过程中出现死亡、残疾、器官组织损伤导致功能障碍或其他不良后果的归责问题不能达成一致意见，并且到该院法制办进行登记且进行立案和解决的纠纷。不包括临床科室或肇事医师与患者双方协商解决，不在法制办登记的纠纷。每个立案的医疗纠纷均由法制办分配给一个唯一的案件编号。患者因对病区医务人员的服务态度、医疗费

用和门诊医务人员的医疗技术不满而发生的医疗纠纷分别由该院的行风办、审计处和门诊部分别接受投诉并受理，本研究未对该三种纠纷进行调查，故本部分所指的医疗纠纷未包括这三种纠纷。

2. 医疗纠纷的数量

医院年均发生医疗纠纷的数量及医师人年均发生医疗纠纷的数量两个指标直接反映了医疗纠纷给医院及医务人员的执业造成的压力大小。从医院医疗纠纷的总量来看，最近五年该院年均发生医疗纠纷 125 起，且医疗纠纷的数量呈现出逐年上升的趋势。医师人年均医疗纠纷发生率高达 26.35%，即该院的医师在一年中平均每 100 人要发生约 26 起医疗纠纷，且该指标也有逐年上升的趋势。这说明，该院及医师人员承受着越来越大的医疗纠纷压力。

3. 医疗纠纷的解决途径

按照现行的相关法律、法规及规章制度规定，医疗纠纷的解决途径一共有四种：医患双方协商解决、卫生行政部门调解、司法诉讼和其他途径。从该院医疗纠纷的解决途径来看，绝大部分采用的是双方协商解决（占 80%—85%），其次是司法诉讼（占 10%）和卫生行政部门调解（占 5%—10%）。

该院法制办负责人表示，针对该院发生的大部分医疗纠纷，医院还是非常乐意走司法程序的，因为医院经过对医疗纠纷的认真评估后发现，10%—20%已经赔偿的医疗纠纷中，医院不应承担赔偿责任。另外，医院认为大部分进行经济赔偿的医疗纠纷实际向患者及家属支付的赔偿金可能要高过法院判决的医院赔偿数额。然而，很少有患者愿意走司法程序和行政调解途径。主要原因有两个，一是患者走司法程序需要支付的成本较高，比如除了支付诉讼费用外，还需要耗费大量的时间和精力，法院判决的平均审理时间将近 10 个月；另外，患者通过司法途径和行政调解获得的赔偿额可能会低于双方协商解决获得的赔偿额。因此，大部分患者放弃司法途径选择双方协商解决的决策是符合成本收益原则的。在此种情形下，为了能获得理想的处理结果，患者及其家属可能通过采取干扰医院和医师正常工作秩序的方式要求医院进行经济赔偿，比如辱骂医务人员、打砸医院财务、在门诊大厅用高音喇叭发表对医院不利的言论等。由于患者利用此种方式向医院索赔，大大干扰了医院的正常工作秩序，导致医院增加了在医疗纠纷处理中所承担的费用，因此医院方付出的成本要远远高于患者一方。所以，医院将会抱着息事宁人的心态与患者进行谈判，但医院的谈判地位相对较弱。在此情形下，医患双方达成的和解协议会对患者有利。

4. 医疗纠纷的经济赔偿

该院发生的大多数医疗纠纷争议的焦点是医疗损害的归责问题，并最终要落实到医院是否需要赔偿、赔偿多少的问题。近五年，该院年均有 34 起医疗纠纷向患者及家属进行了经济赔偿，约占当年全院医疗纠纷总量的 27.43%。医院年均向患者支付医疗纠纷赔偿款 1469419 元，约占当年该院收支结余的 10%，并且该指标呈现出较快的增长趋势。该院对医疗纠纷的赔偿主要通过两种途径实现，一是医院直接向患者支付赔偿金，二是医院减免患者发生的医疗费用。由此可见，医院面临的医疗纠纷赔偿压力较大，而且压力仍然在逐渐加重。

此外，每例医疗纠纷的赔偿金额平均为 42716 元，而且呈现出快速上升的趋势。近五年，例均医疗纠纷赔偿数额从 29164 元上升到了 63768 元，年平均增长速度高达 30%。另外，该院法制办负责人表示，在所有经济赔偿的医疗纠纷中，大约有 10% 的纠纷医院是没有过错的，即不应该承担赔偿责任。除此之外，该负责人还表示大部分医疗纠纷的实际赔偿数额要高于应赔付的数额。由此可见，该医院和医师面临的医疗纠纷赔偿压力越来越大。

5. 医疗纠纷的科室分布和高危人群分析

验证医院和医师面临着越来越大的医疗纠纷压力以后，应进一步分析医疗纠纷主要分布在哪些科室、哪些科室的医疗纠纷发生率较高、到底有多高等问题。

表 3-1 显示，医疗纠纷发生数量排在前三位的科室依次为外科（占42.85%）、内科（占 16.49%）和五官科（占 13.79%）。由于各科室的医师有较大差异，各科室医疗纠纷的数量不能准确反映出哪些科室是易发生医疗纠纷的科室。本书测算了各科室医师人均年医疗纠纷发生率的指标，该指标能较好地体现科室医疗纠纷发生的危险程度。从该指标来看，急诊科、妇产科和外科明显高于全院平均水平和其他临床科室，分别为44.40%、44.39%和39.22%。由此可见，急诊科、妇产科和外科的临床医师每年每人平均遭遇的医疗纠纷约为 0.4 例，即执业两年多就要遇到一例医疗纠纷，应该说这些科室的医师面临的医疗纠纷压力很大。

表 3-1　医疗纠纷的科室分布与医师人均年医疗纠纷发生率

科室	医师数	近五年医疗纠纷数	医疗纠纷占全院医疗纠纷的构成比（%）	临床医师人均年医疗纠纷发生率（%）
内科	133	103	16.49	15.55
外科	137	269	42.85	39.22
妇产科	25	55	8.85	44.39
儿科	23	9	1.47	8.00
五官科	54	86	13.79	32.03
急诊科	16	36	5.66	44.40

科室	医师数	近五年医疗纠纷数	医疗纠纷占全院医疗纠纷的构成比（%）	临床医师人均年医疗纠纷发生率（%）
ICU	12	12	1.89	19.72
其他科室	76	56	9.00	14.85
合计	476	627	100.00	26.35

二、临床医师防御性医疗行为的调查分析

从防御性医疗行为的定义出发，防御性医疗行为是医疗纠纷和医疗诉讼压力对临床医师诊疗行为影响的结果。因此，本部分遵循以下分析思路：①首先，分析医师遭遇医疗纠纷和医疗诉讼的风险程度；②分析医疗纠纷和医疗诉讼给医师和医院造成了哪些损失；③在医疗纠纷和医疗诉讼所造成的损失压力下，医师是否会采取防御性医疗行为从而避免医疗纠纷和医疗诉讼风险；④如果会采取防御性医疗行为，将会以何种形式表现出来？程度如何？

（一）被调查临床医师的基本情况描述

该院共有医师 580 人，其中临床科室医师 476 人。本研究的调查对象为临床科室医师，实际发放调查问卷 476 份，实际填写和收回问卷 409 份，其中有效问卷 375 份，约占该院全部临床医师数量的 79%。

375 名医师中男性 216 人，女性 159 人，分别占 57.6% 和 42.4%。被调查医师工作年限的算术平均数为 11.94 年、中位数 9 年。工作年限 1—10 年的为 207 人，占总人数的 55.2%；工作年限 11—20 年的为 94

人，占 25.1%；工作年限 21—30 年的为 56 人，占 14.9%；工作年限 31 年及以上的为 18 人，占总数的 4.8%。

从被调查医师的学历构成来看，中专及以下学历者有 5 人，占 1.3%；专科学历者有 15 人，占 4.0%；本科学历者有 209 人，占 55.7%；硕士研究生学历者有 140 人，占 37.3%；博士及以上学历者有 6 人，占 1.6%。

从被调查医师的职称构成来看，高级职称者有 55 人，占 14.7%；副高级职称者有 79 人，占 21.1%；中级职称者有 108 人，占 28.8%；初级职称者有 133 人，占 35.5%。

被调查医师中，内科 110 人，占 29.3%；外科 113 人，占 30.1%；妇产科 21 人，占 5.6%；儿科 19 人，占 5.1%；五官科 44 人，占 11.7%；ICU 10 人，占 2.7%；其他科室 63 人，占 15.5%。

（二）医师遭遇医疗纠纷的基本情况

在所调查的 375 名医师中，有 151 人近两年来曾经亲身遭遇过医疗纠纷，占总调查人数的 40.3%；其中 95 人发生过 1 次医疗纠纷，占遭遇纠纷总人数的 62.1%；15 人发生过 2 次医疗纠纷，占遭遇纠纷总人数的 9.8%；43 人发生过 3 次以上医疗纠纷，占遭遇纠纷总人数的 28.1%。

（三）医疗纠纷给医师造成的损失

问卷调查表明，医疗纠纷给医师和医院造成的损失是多方面的，具体如下：

1. 损害医院、医师的形象和社会声誉

调查发现，临床医师都非常关注自己的社会声誉。比如，100% 的临床医师都认为发生医疗纠纷对医院、医师的形象和社会声誉会造成较大影响，尤其是短期的影响，而且这种影响有时是致命的。医疗纠纷发生后，不仅会给当事患者及家属造成不良影响，同时这种不良影响也会向周围患者扩散，还有可能进一步通过这些患者在更大范围内传播。在知情的情况下，几乎没有哪个患者愿意找发生过医疗事故的医师看病，因此该医师的患者数量会减少，当然也就造成了收入降低。

2. 加重医院和医师的经济负担

调查显示，该院83%的医师认为发生医疗纠纷会加重医院和医师的经济负担。在几乎所有的医疗纠纷中，病人及其家属的目的都是为了获得赔偿，而且要求赔偿的金额也越来越大。近五年，该院单项医疗纠纷的平均赔偿数额达到了4万余元，而且在以超过30%的速度增长。除此之外，医院为处理医疗纠纷还要支付其他的费用和成本。比如，该医院为了处理医疗纠纷专门成立了法制办，并配备了两名专职工作人员。另外，如果医疗纠纷的解决走司法诉讼程序的话，直接的经济支出还包括律师费、鉴定费、诉讼费等。比如，该院雇用了当地的一家律师事务所，每年固定向其交纳报酬。

该院规定，从2009年起，医疗纠纷赔偿款由医院、科室和肇事医师三方按照80%、10%和10%的比例共同分担。该院妇产科2010年1月发生了一起因患者输卵管断裂引起的医疗纠纷，虽然经鉴定并不构成医疗事故，但医院仍然赔付了632000元，其中肇事医师也分担了其中的6万余元。

3. 加重医师工作负担及时间成本

调查显示，该院100%的医师认为医疗纠纷的处理加重了医师的工作负担，同时也增加了其时间成本。医疗纠纷发生后，患方投诉到医院的法制办，法制办要对所发生的事件进行细致调查，必要时要组织技术鉴定，进行调解和处理。在不少情况下，由于医患双方往往就某起具体的医疗损害的归责和赔偿问题争执不下，患方缠访缠诉，造成整个事件处理过程漫长，工作难度和工作量增大。大部分接受访谈的医师表达了类似的困扰。比如，该院神经内科的某位医师谈到这个问题时，一脸苦恼地说："那个老大爷缠了我整整三个月，我怎么安心工作。"

4. 给医师造成了较大的精神或心理压力

调查显示，逐年增加的医疗纠纷数量给临床医师造成了很大的精神或心理压力。60.0%的医师表示在目前医患关系下精神压力非常大，36.8%的人认为精神压力比较大，仅有3.2%的医师认为精神压力不大或没有压力。尤其是恶性医疗纠纷，给医务人员造成了更大的精神压力。

5. 破坏医疗秩序和环境

调查显示，100%的医师认为医疗纠纷的发生破坏了医院和科室的医疗秩序和环境。发生医疗纠纷，尤其是"死亡"纠纷，患方家属情绪激动，难以控制，该院发生了多起在病房内停尸闹事、辱骂和限制医务人员自由、毁坏医院公物等事件，严重影响了医院和科室正常诊疗工作秩序。该院法制办负责人表示，在过去几年中，大约有40%的医疗纠纷发生过严重扰乱医疗秩序和环境的情况。在各种扰乱医疗秩序的事件中，干扰医务人员正常工作、缠访缠诉和辱骂医师的现象较为突出，其次为毁损医院和科室的公物、停尸病房等。

（四）医疗纠纷遭遇对医师态度及行为的影响

1. 对医师医患关系态度的影响

对目前医患关系总体状况的态度方面，被调查的医师中，认为医患关系和谐的为 13 人，占 3.5%；认为医患关系一般的为 228 人，占 60.8%；认为医患关系紧张的为 134 人，占 35.7%。临床医师的访谈结果也表明，医患关系紧张，患者不信任医师，已经在相当程度上成了一种共识。（见医师防御性医疗行为访谈录 1）

医师防御性医疗行为访谈录 1

现在不少患者对我们太不信任了，像防什么一样防着我们。有一个患者的家属，整天拿着小本在做记录，我们护士去换液，他把全过程都记下来，护士说的话也全写下来。还拿着小本给我们护士长看，挑我们的毛病。（临床医师 1）

有不少患者拿手机拍照。有一次我给一个老大爷交代病情，他害怕了，血压和心率全上来了，心电监护仪上也显示出来了，他儿子用手机都拍下来了，在那不依不饶地给我们打了一宿。（临床医师 2）

在遭遇过纠纷的医师中，45.7%的人认为医患关系紧张，54.3%的人认为关系一般，没有人认为关系和谐；而未遭遇过医疗纠纷的医务人员中有 29.0%的人认为关系紧张，65.2%的人认为关系一般，5.8%的人认为关系和谐。经统计学检验，$Z=-3.81$，$P<0.001$。这表明，医师认为目前的医患关系比较紧张，而且近两年未遭遇过医疗纠纷的医师对待医患关系的评价要好于遭遇过医疗纠纷的医师。具体结果见表 3-2。

表 3-2 是否遭遇过医疗纠纷对医师在医患关系态度方面的影响

是否亲身遭遇纠纷	和谐		一般		紧张	
	人数	构成比（%）	人数	构成比（%）	人数	构成比（%）
遭遇过	0	0	82	54.3	69	45.7
未遭遇过	13	5.8	146	65.2	65	29
合计	13	3.5	228	60.8	134	35.7

2. 目前的医患关系对医师诊疗工作的影响程度

在被调查的医师中，22.9%的人认为目前的医患关系对其工作产生非常大的影响，60.0%的人认为对其工作产生较大的影响，15.7%的人认为影响不大，1.3%的人认为没有影响。而且所有认为较大及非常大影响的医师表示，这种影响呈现出了逐年增强的趋势。其中遭遇过纠纷的医务人员中38.4%人认为对其工作影响非常大，51.7%的人认为影响较大，仅有9.9%的人认为影响不大或没影响；而未遭遇过纠纷的人中12.5%的人认为影响非常大，65.6%的人认为影响较大，21.8%的人认为影响不大或基本没有影响。经统计学检验，$Z = -5.79$，$P < 0.001$。详见表3-3。

由此可以看出，目前紧张的医患关系对医师的诊疗工作产生了较大影响，而且紧张的医患关系给遭遇过医疗纠纷的医师诊疗行为造成的影响要大于未遭遇过医疗纠纷的医师。

表 3-3 医患关系对医师诊疗行为工作的影响程度

是否遭遇纠纷	非常大		较大		不大		无影响	
	人数	构成比(%)	人数	构成比(%)	人数	构成比(%)	人数	构成比(%)
遭遇	58	38.4	78	51.7	15	9.9	0	0

续表

是否遭	非常大		较大		不大		无影响	
遇纠纷	人数	构成比（%）	人数	构成比（%）	人数	构成比（%）	人数	构成比（%）
未遭遇	28	12.5	147	65.6	44	19.6	5	2.2
合计	86	22.9	225	60.0	59	15.7	5	1.3

3. 医患关系对医师治疗原则的影响

调查显示，在目前的医患关系下，医师的治疗原则发生了一定改变。12.0%的人表示"根据需要，依然采取有一定风险的治疗方案，但会做到充分告知"，86.1%的人表示"力求稳妥，尽量降低风险"，1.9%的人表示"拒绝一切有风险的检查和治疗"。这说明，在目前医患关系的影响下，医师的诊疗原则变得较为保守，不太敢于冒险。同时，两年内遭遇过医疗纠纷的医师的治疗原则比未遭遇过医疗纠纷的医师更加保守，且这种差异具有统计学意义（$Z = -2.97$，$P = 0.0003$）。详见表3-4。

表3-4　医患关系对医师治疗原则的影响

是否	I		II		III	
遭遇纠纷	人数	构成比（%）	人数	构成比（%）	人数	构成比（%）
遭遇过	11	7.3	134	88.7	6	4.0
未遭遇过	34	15.2	189	84.4	1	0.4
合计	45	12.0	323	86.1	7	1.9

注：I表示根据需要，依然采取有一定风险的治疗方案，但会做到充分告知；II表示力求稳妥，尽量降低风险；III表示拒绝一切有风险的检查和治疗。

（五）临床医师防御性医疗行为的测量分析

本书从以下10方面描述和测量医师的防御性医疗行为。为了应对医疗纠纷和医疗诉讼压力而采取以下行为：增加病人的会诊、转诊；回避收治高危病人；回避高风险的诊疗方案或操作；交代病情时，适度夸大病人的病情；增加检查和化验项目；多为病人开具药物；放宽下达病重、病危医嘱及护理等级标准；增加请示上级医师的次数；更多的告知（知情同意）；更多、更为仔细的病情记录。根据医师采取防御性医疗行为的频率分成从不、偶尔（小于50%）和经常（等于或大于50%）三个等级。根据防御性医疗行为的定义，为了应对医疗纠纷和医疗诉讼压力，如果被调查对象经常或偶尔出现以上十种情况，则表示其存在防御性医疗行为（曹志辉，2014）。详见表3-5。

表3-5 医疗纠纷压力对医师诊疗工作的影响

为应对医疗纠纷采取的诊疗行为	从不		偶尔		经常	
	人数	构成比（%）	人数	构成比（%）	人数	构成比（%）
增加病人的会诊、转诊	0	0.0	64	17.1	311	82.9
回避收治高危病人	69	18.4	112	29.9	194	51.7
回避高风险的诊疗方案或操作	85	22.7	74	19.7	216	57.6
交代病情时，适度夸大病人的病情	47	12.5	76	20.3	252	67.2
增加检查和化验项目	57	15.2	80	21.3	238	63.5
多为病人开具药物	192	51.2	125	33.3	58	15.5

为应对医疗纠纷采取的诊疗行为	从不		偶尔		经常	
	人数	构成比（%）	人数	构成比（%）	人数	构成比（%）
放宽下达病重、病危医嘱及护理等级标准	48	12.8	88	23.5	239	63.7
增加请示上级医师的次数	78	20.8	79	21.1	218	58.1
更多的告知（知情同意）	0	0.0	59	15.7	316	84.3
更多、更为仔细的病情记录	0	0.0	33	8.8	342	91.2

1. 增加病人的会诊、转诊

问卷调查显示，为了应对医疗纠纷的压力，82.9%的医师表示经常会增加各种会诊和转诊，17.1%的医师表示偶尔会增加各种会诊和转诊。该院为三级甲等综合医院，临床科室设置得较细，成立了许多专科，比如外科和内科下都分成了9个专科。临床医师的访谈结果也表明，许多医师在临床上遇到了即使能处理得了的其他专科疾病，也不愿自己冒险制定诊疗方案，而是请相关专科的医师来会诊。而且，这种情况在临床上较为普遍。另外，访谈结果也验证了医师增加不必要的会诊主要是出于避免潜在的医疗纠纷的考虑，而不是出于追求增加科室或个人收入的目的。因为，增加会诊并不能给医师带来直接收入。（见医师防御性医疗行为访谈录2）

医师防御性医疗行为访谈录2

医师3："这么给你说吧，为了不给自己惹不必要的麻烦，凡是遇到其他临床科室的疾病，都请专科，基本上不自作主张。"

问："你能给举个具体的例子吗？"

医师3："比如，我们科的患者遇到了发烧的情况，两天烧还没退，我们就请呼吸科的来会诊……我们科老年患者多，有不少并发患糖尿病的，如果需要调血糖，我们就请内分泌科的大夫来会诊，尽管在许多情况下我们自己也能处理得了。"

问："这种情况多不多？"

医师3："挺多的！一个科室一天收到十几张会诊单的情况太常见了，有些科室会更多，其实不少会诊是没有必要的，比如前不久呼吸科为一个陈旧性腔梗的患者还专门请我去会诊，你说有必要吗。"

问："请别的科的医师来会诊，从经济利益上来说，对你们有好处吗？"

医师3："如果单纯考虑经济利益，我们是不愿意请会诊的，请一次会诊，主任医师也才收5块钱，而且钱是给对方科室的……请会诊还挺麻烦的，我们需要写会诊申请单，要联系医师，而且会诊完了在病程记录中还要写会诊医师的意见。你说麻烦不麻烦！但没办法，病人要是出问题了，你能说得清吗？人家肯定会说医院有专门干这个的医师，你干吗自作主张。出了问题只能自认倒霉！"

2. 回避收治高危病人

调查显示，医师会通过回避收治高危病人来应对可能出现的医疗纠纷。51.7%的医师表示经常、29.9%的医师表示偶尔回避收治高危患者和疑难患者。危重病人尤其是极危重病人的治疗风险较高，不理想的预后出现的概率也相对较高，无形中也增加了出现医疗纠纷的概率。一旦遇到预后不太理想的情况发生，医患之间在不良预后的归责方面容易出现分歧，也比较容易出现医疗纠纷，即该类患者发生医疗纠纷的风险较高。为了避免这种医疗纠纷的发生，许多医师倾向于不收治或少收治该类患者。访谈结果表明，医师也不是拒绝收治所有的重症患者，而是在做出是否收治重病人的决策之前，会对病人发生医疗纠纷的风险做一个评估，如果认为患者发生医疗纠纷的风险较高，医师将倾向于拒绝收治该患者。否则的话，也将收治该患者。由于高危病人所需要的诊疗项目种类和数量要比普通患者多，费用也相应要高很多，如果单纯考虑经济利益，医师应该有动力收治高危病人，然而部分医师却选择拒绝收治某些高危病人，主要原因是为了避免由于预后不良而造成的医疗纠纷。（见医师防御性医疗行为访谈录3）

某位临床医师在接受访谈时表示："我们科设立了一个病人的黑名单，凡是在我们这里住院和我们打过架，或特别磨叽的，我们都列入了黑名单，下次再来住院肯定不收他。"该临床医师反映的事实印证了医师会有选择地拒绝收治某类医疗纠纷风险较高病人的结论。

医师防御性医疗行为访谈录3

问："出门诊的时候，你遇到过不愿意收重病号的情况吗？"

医师4："遇到过！我们科的×××胆子比我还小，稍微重一点的病人都不敢收。现在的一种说法是医院不能死人，死了人就得赔钱……有些病人能收，有些就不能收。"

问："什么样的不能收？"

医师4："在门诊上收病人也是有技巧的，那些病比较重、家属也较磨叨的、态度不好也不太配合的不能收，收进来了非常麻烦。这些都是医院公开的秘密了。"

问："病人还没住进来，你怎么能知道哪些可能是比较麻烦的？"

医师4："在门诊上待时间长了，哪些病号比较麻烦（指容易产生医疗纠纷），很容易看出来。只要拉三句就行。从他说话的方式、语气和语调都能判断出来。"

问："遇到这样的重病号，你不收，怎么给人家说呢？"

医师4："遇到这样的重病号，就倾向于把他转走，就说没病床，或者急诊留观。特别重的转不了的就直接送ICU了。"

问："重病号不是收费也高吗？你们应该乐意收才对呀。"

医师4："收重病人确实费用高，对我们是有利，但也得看什么样的病号。有的重病号一旦出什么问题，能把你后悔死。"

3. 回避高风险的诊疗方案或操作

调查显示，为了减少因医疗损害而发生的医疗纠纷，许多医师放弃了高风险的诊疗方案或操作。57.6%和19.7%的医师分别经常和偶尔回避采用高风险的诊疗方案或技术操作。访谈结果表明，许多诊疗方案和技术操作的效果是非常好的，但是风险发生的概率也较高。为了避免可能出现的医疗风险及随之而来的医疗纠纷，医师往往会退而求其次，倾向于选择风险较小同时效果也相对较差的保守诊疗方案。临床医师在访谈中提到的 DSA 和溶栓疗法的医疗风险和价格都比传统的保守疗法要高，医师经过权衡选择了保守疗法。由此可见，医师放弃 DSA 和溶栓疗法等高风险的诊疗操作，主要是为了回避较高的医疗风险及随之而来的医疗纠纷，并不是为了追求较高的医疗收入。（见医师防御性医疗行为访谈录4）

医师防御性医疗行为访谈录4

怀疑脑血管畸形的患者应该做脑血管造影 DSA，DSA是诊断脑血管狭窄和脑血管畸形的金标准，但它属于有创操作，有一定的风险性，比如可造成斑块脱落导致栓塞，也可能导致血管破裂……我们科出现过两起纠纷，现在我们不轻易给患者做脑血管造影了……从经济利益的角度来说，我们肯定是愿意做的。做一例 DSA 要五六千块钱呢。（临床医师5）

像脑血栓病人的溶栓疗法，我们基本上也不开展……不开展的原因一部分是因为该疗法最佳的时间点在发病3小时以内，超过了6小时的窗口期效果就不好了。另一个原因是溶栓疗法有很大的风险，不过北京的很多大医院都开展。（临床医师6）

4. 交代病情时，适度夸大病人的病情

问卷调查显示，为了减少医疗纠纷，许多医师在和病人交代病情时都适度夸大疾病的严重程度。67.2%和20.3%的医师分别经常和偶尔向患者及家属适度夸大病人的病情。临床医师的访谈结果发现，医师在向患者及家属交代病情时会适度夸大病情，主要是为了降低患者对疾病治疗预后的期望值。行为经济学的前景理论表明，人们的满意程度不是取决于人们处于的绝对水平，而是源于现实状态与参照点之间的相对水平，如果现实状态高于参照点，人们则会感觉满意，否则会不满意。那么参照点是如何确定的呢？具体到患者而言，他们确定的参照点往往是对疾病诊疗的预期。根据前景理论，患者及家属的满意程度主要取决于对疾病诊疗预期的高低，如果预期越高，满意程度可以越差，发生医疗纠纷的风险也越高。反之，则低。因此，医师在向患者及家属交代病情时，会倾向于适度夸大病情。（见医师防御性医疗行为访谈录5）

医师防御性医疗行为访谈录5

向患者及家属交代病情时要重一点，凡是教科书上讲的都要交代。像脑梗死患者，交代病情时一定要重一点，甚至交代到死亡……有些哪怕头晕的病人，交代病情要重一点，特别是病历和谈话记录上。能特别快治好的，也告诉他，不让他有过高的期望值。我们科有一老大夫，经常给病人说，没问题，很快就能好，我们科主任就经常批评他。（临床医师7）

另外，笔者通过平时的观察发现，该医院某临床科室基本上对每个重症监护病人都做血气分析，并在测量血气分析各项指标的基础上，利用小软件测算出每个人的死亡概率，且把死亡概率比较高的结果告诉相应的患者。

5. 增加检查和化验项目

调查显示，为了减少漏诊、误诊造成的医疗纠纷，许多医师扩大了检查和化验的范围。63.5％和21.3%的医师分别经常和偶尔为患者增加检查和化验项目。访谈结果也发现，尽管某些化验和检查项目相对于其产生的成本而言，给患者疾病的确诊方面带来的利益非常小，也就是说，这些检查的成本效果是非常差的，即属于不必要的诊疗服务项目。然而，医师为了避免由于漏诊和误诊而给自己造成医疗纠纷，他们会倾向于为患者提供这些不必要的检查和化验项目。（见医师防御性医疗行为访谈录6）

医师防御性医疗行为访谈录6

为了避免误诊，我们是不得不多为病人做一些检查。当然，每一项检查都是有指征的，没指征的检查我们不会做，医保也不会同意，他们会查病历的。做每一项检查都是因为考虑排除某种疾病，比如遇到头疼的病人，你考虑脑炎，也不能排除血管神经炎，这时候除了做常规的检查和化验外，你还需要给他做 CT、MRI、脑电图、脑血图等。不过一般情况下，这些检查的结果99%以上都会是阴性。但我们不能不做，如果真是漏诊了，怎么办？……说实话，与这些检查所花的钱相比，这么低的阳性率也不一定值得。如果往后退三四十年，那时候的大夫就不会做这

些检查。(临床医师 8)

6. 多为病人开具药物

调查显示，为了避免医疗纠纷，多为病人开具药物的情况并不是特别普遍。只有 15.5% 和 33.3% 的医师表示经常和偶尔为患者多开药物来预防医疗纠纷，超过 50% 的医师表示不会多为病人开具药物。访谈结果表明，医师对于出于防御目的而多为病人开具药物的态度和做法持有不同意见。少数医师在接受访谈时表示为了预防医疗纠纷会开具某些药物，然而部分医师表示多开药物并不能明显起到降低医疗纠纷的作用。综合问卷调查和访谈结果表明，医师多为病人开具药物的动机是多方面的，追求经济利益可能是最主要的原因，防范医疗纠纷也可能是其中的原因之一，但不一定是最主要的原因。(见医师防御性医疗行为访谈录 7)

医师防御性医疗行为访谈录 7

药物治疗过程中，见效快、副作用小的药物价格一般比较高，我们为了避免因药物副作用大对病人的病情产生不利影响，也会直接给病人选择副作用小、价格高的药物。(临床医师 9)

感冒患者来找你看病，你给他开点口服药，几天也没好，他可能会找你，说你技术不行，可能会找你麻烦。给他输液，虽然卫生部不太提倡，但比口服药效果肯定来得快，就是以后出现啥副作用他也找不到你。(临床医师 10)

脑梗死或脑出血的患者，多给她开一些营养脑细胞的药，可以防止痴呆。康复效果好了，病人自然也不会找你

麻烦。(临床医师 11)

实事求是地讲，医师多开药主要还是考虑经济利益，预防医疗纠纷的成分并不是太多。(临床医师 12)

7. 放宽下达病重、病危医嘱及护理等级标准

调查显示，为了避免医疗纠纷，医师放宽下达病重和病危医嘱和护理等级的现象比较普遍。63.7%和23.5%的医师分别经常和偶尔放宽下达病重、病危医嘱及护理等级。访谈结果发现，医师在临床上经常出现提高护理级别的情况，比如本应当实行二级护理，医师却下达一级护理的医嘱。医师这样做的主要目的并不是为了追求经济最大化，因为不同护理级别之间的收费价格相差较小，然而成本差别却较大。比如，一级护理的价格仅比二级护理高 3 元/天，但一级护理病人所需要的日均护理时数要比二级护理高 2 小时。这意味着提高护理级别医院和医师的净收入并不会上升，反而会下降。所以，提高护理级别的做法，并不是医师出于追求经济利益的结果，主要是为了避免医疗风险及随之而来的医疗纠纷。(见医师防御性医疗行为访谈录 8)

医师防御性医疗行为访谈录 8

我们科主任在开会时多次给我们强调，在写病历时，一定要记住就重不就轻的原则，轻中重判断不准时，要提高一个级别……一般我们科的病人都没有下三级护理的，最轻的也是二级护理，稍微重一点的都下一级护理。另外，也给病人家属交代比较重的病情，让家属认真地护理

病人……提高护理级别和追求经济利益无关，二级护理 5
元/天，一级护理 8 元/天，一天只差 3 块钱，差不了多少
钱。主要是万一出了问题，我们不会担护理不到位的责
任。（临床医师 13）

8. 增加请示上级医师的次数

目前，我国的公立医院在住院病人诊疗方面普遍实施三级医师负责
制。一、二、三级医师从下到上是逐级服从，从上到下是逐级指导的关
系。调查显示，为了避免医疗纠纷，下级医师普遍增加了请示上级的次
数。58.1％和 21.1%的医师分别经常和偶尔增加请示上级医师的次数。
正如该医院一位医师在接受访谈所谈到的："我们组的三级大夫是我们
科的副主任，水平很高。现在病号挺不好惹的，我在临床上遇到拿不准
的情况，就请示他。在每周的三级医师查房时请他给多看看。"

9. 更多的告知（知情同意）

调查显示，84.3％和 15.7%的医师分别经常和偶尔向患者及家属增
加各种告知和知情同意。根据民法典等相关法律规定，患者的甘愿冒险
行为可以作为医师的抗辩事由。其中患者甘愿冒险，是指患者明知道有
风险而自愿冒险，发生损害后果应当自负的规则。构成甘愿冒风险的条
件是：①患者明知道有风险存在，风险具有现实性；②患者自愿参加具
有这种风险的活动，并非被强迫；③造成这种风险损害的医师没有过
错，既没有主观的故意，也不具有疏忽或懈怠。此类甘愿冒险的情形在
临床上是很常见的，尤其是对于某些疾病的治疗具有高风险时。如果事
先医师已充分地向其告知了诊疗操作的风险及不良后果，且医师在诊疗
过程中已经尽到了注意义务，则医师对诊疗过程中发生的不良风险不应

承担责任。根据相关的法律法规，在为患者进行特殊的诊疗操作（指有风险的诊疗操作）时，医师应告知其风险和不良后果并与其签订知情同意书。医师与患者签署知情同意书的做法本来无可厚非，但是医院为了免责，扩大了与患者签署知情同意书的范围。本不应该签署同意书的情形，医院也要求患者签署知情同意书，主要是为了发生医疗损害后果时，医师可以此作为抗辩的事由。（见医师防御性医疗行为访谈录 9）

医师防御性医疗行为访谈录 9

为了充分尊重患者的知情权和选择权，这几年河北省和我们医院增加了许多知情同意书需要患者或家属和我们签。比如，2009 年，新增了病人入院谈话记录。从 2011 年，我院又增加了部分知情同意书，如在给病人使用套管针、吸氧、灌肠、鼻饲、导尿等操作时也需要患者签知情同意书，这些都是原来没有的……这些工作虽然很烦琐，但为了能摘清我们的责任，我们还是乐意做的。（临床医师 14）

10. 更多、更为仔细的病情记录

病历是处理医疗纠纷时最重要的证据，有时候是唯一证据，为了使自己处于有利地位，最近几年，医院和医师非常重视病历的书写。调查显示，91.2%的医师表示，为了应对医疗纠纷，医师的病历书写得比以前更加认真了。该院一位接受访谈的医师表示："我们以前不太注重病历的书写，在上边吃了不少亏。比如，我们科发生过一起患者死亡导致的医疗纠纷，我们医师在诊疗方面没有任何问题，就是护士把执行输血

医嘱的时间写错了，给医院造成了不小的麻烦。我们现在写病历要仔细多了，不能因为这个让自己处于不利的地位。"该医师的说法也印证了医师出于自我保护目的，而更加仔细地书写病情记录等病历资料。

（六）医疗纠纷遭遇对防御性医疗行为的影响

为了定量分析医疗纠纷压力对临床医师防御性医疗行为的影响，将上文 10 个临床医师防御性医疗行为发生的频率赋予一定的分值，选择"从不"赋 0 分、"偶尔"赋 1 分、"经常"赋 2 分，然后计算每个医师的总分。医师的得分越高，表示医疗纠纷对医师诊疗行为的影响也越大，反之影响越小。

1. 单因素分析

表 3-6 显示，被调查医师的诊疗行为影响的平均得分为 14.8 分，标准差为 5.18 分。其中，两年内遭遇过医疗纠纷的医师平均分为 15.9 分，两年内遭遇过医疗纠纷的医师平均分为 14.1，经完全随机设计的方差分析检验表明，$F = 10.147$，$P = 0.002$，即有不同医疗纠纷遭遇的医师的 DM 得分之间的差异有统计学意义。

不同职称之间的 DM 得分存在差异，而且随着医师职称的升高，DM 得分呈现出逐渐下降的趋势，住院医师的 DM 平均得分为 17，而主任医师的 DM 平均得分仅为 12.3，经统计学检验表明，不同职称之间的 DM 得分差异具有统计学意义（$F = 16.799$，$P = 0.000$）。

不同工作年限之间的 DM 得分存在差异，而且随着工作年限的延长，DM 得分也呈现出逐渐下降的趋势，比如工作时间在 10 年以下的医师 DM 平均得分高达 16.5，而工作年限 31 年以上的医师 DM 得分则仅为 8.7。经统计学检验表明，不同工作年限之间的 DM 得分差异具有统计学意义（F = 25.223，P = 0.000）。

男性和女性医师平均分分别为 14.9 分和 14.7 分，方差分析检验表明，F = 0.074，P = 0.786，即男性和女性医师的 DM 得分的差别无统计学意义。

表 3-6 不同特征医师的 DM 得分比较

变量	样本量	均数	标准差	F	P
两年是否遭遇纠纷					
遭遇过	151	15.9	4.6	10.147	0.002
未遭遇过	224	14.1	5.5		
性别					
男	216	14.9	5.1	0.074	0.786
女	159	14.7	5.4		
职称					
主任医师	55	12.3	6.2		
副主任医师	79	13.1	5.5	16.799	0.000
主治医师	108	14.7	5.2		
住院医师	133	17.0	3.5		
工作年限					
10 年及以下	207	16.5	4.0		
11 年—	94	13.9	5.7	25.223	0.000
21 年—	56	12.2	5.7		
31 年及以上	18	8.7	4.8		
科室类型					

续表

变量	样本量	均数	标准差	F	P
内科	109	11.4	5.5		
外科	112	15.1	4.4		
妇产科	20	17.6	3.8		
儿科	19	17.4	4.9	16.114	0.000
五官科	44	17.9	3.8		
ICU	10	18.2	3.6		
其他科室	61	15.9	4.5		

2. 多因素分析

单因素分析结果表明，除了医疗纠纷遭遇与医师的 DM 得分有关外，医师的工作年限、职称和所在科室也与医师 DM 得分也存在统计学联系。由于医师的医疗纠纷遭遇是本研究的研究因素，可以将其他因素看作非研究因素。为了控制医师所在科室等其他因素的影响，更好地明确是否遭遇医疗纠纷与防御性医疗行为之间的数量关系。本书构建了多元线性回归模型，将两年内是否遭遇医疗纠纷、医师所在科室、职称和工作年限同时作为自变量引入回归模型中，因变量为防御性医疗行为的原始得分。为了使回归系数更具有实际意义，将医师所在科室转化成哑变量的形式，其中以内科医师为对照组。自变量的筛选办法采用强制进入法。

建立的回归模型经方差分析检验表明，F = 36.35，P = 0.000，说明本研究所建立的回归模型具有统计学意义。该方程的 $R^2 = 0.500$，说明医师 DM 得分 50% 的变异是由医疗纠纷遭遇、医师所在科室、职称和工作年限所造成的。

多因素分析结果表明，在控制住医师所在临床科室、职称和工作年限的影响后，两年内遭遇过医疗纠纷的医师的 DM 得分依然要高于未遭遇医疗纠纷的医师 2.77 分，且这种差异具有显著性。这也说明了医师的医疗纠纷遭遇是医师防御性医疗行为的独立影响因素。同时，研究结果也表明，其他科室的医师均比内科医师的 DM 得分要高，工作年限越长，医师的 DM 得分也越高，且这种差异具有显著性。需要注意的是，在单因素分析有统计学意义的职称变量，在进行多因素分析时，变得没有统计学意义了。这也说明职称与医师 DM 得分之间的相关可以是通过工作年限这一中间变量发挥作用的。详见表 3-7。

表 3-7 医师 DM 得分的多元线性回归模型分析结果

变量	偏回归系数	标准误	标化偏回归系数	t 值	P 值
常数	18.36	1.68		10.92	0.00
科室（以内科医师为对照）					
内科	4.46	0.58	0.39	7.69	0.00
外科	7.13	0.93	0.31	7.66	0.00
妇产科	5.36	0.93	0.23	5.74	0.00
儿科	6.67	0.68	0.41	9.82	0.00
五官科	7.19	1.24	0.22	5.80	0.00
ICU	5.86	0.62	0.41	9.51	0.00
工作年限	-2.84	0.36	-0.49	-7.84	0.00
职称	0.46	0.31	0.09	1.47	0.14
性别（以男性医师为对照）	0.34	0.47	0.03	0.73	0.46
近两年是否遭遇医疗纠纷（以发生过医疗纠纷医师为对照）	-2.77	0.43	-0.26	-6.45	0.00

注：$R^2 = 0.500$

（七）医疗纠纷遭遇对是否愿意让子女将来从事医疗工作的影响

是否愿意让子女将来从事医疗工作，从一定程度上可以反映出医患关系对医师行医行为和态度的影响，从而间接反映出对防御性医疗行为的影响。调查显示，仅有 8.0% 的医师比较愿意和非常愿意让子女将来从事医疗工作，46.7% 的人不愿意，36.3% 的人非常不愿意。这也反映出医师普遍不愿意让自己的子女将来从事医疗工作，也反映出了他们对医疗服务行业的执业环境的不满意。

调查还显示，两年内亲身遭遇过与未遭遇过医疗纠纷的医师在对待是否希望自己的子女从事医疗工作的问题上有较为相似的倾向性。84.8% 的两年内遭遇过医疗纠纷的医师不愿意让子女将来从事医疗工作，而 81.7% 的两年内未遭遇过医疗纠纷的医师不愿意让子女将来从事医疗工作，经统计学检验 Z=-1.07，P=0.285，二者的差异无统计学意义。详见表 3-8。

表 3-8　医疗纠纷遭遇对是否愿意让子女将来从事医疗工作的影响

是否遭遇纠纷	非常愿意		比较愿意		无法确定		不愿意		非常不愿意	
	人数	%	人数	%	人数	%	人数	%	人数	%
遭遇	3	2.0	6	4.0	14	9.3	69	45.7	59	39.1
未遭遇	0	0	21	9.4	20	8.9	106	47.3	77	34.4
合计	3	0.8	27	7.2	34	9.1	175	46.7	136	36.3

（八）缺失值对研究结果的影响分析

本次问卷调查的医师缺失 101 人，约占该院临床医师总数的 21%，其中未参加本次调查的医师 67 人，无效调查医师 34 人。

部分医师未参加本次调查主要是因为在调查期间医师因倒班、临时外出或长期进修而未能接受调查，其中最主要的原因是因倒班而未找到人。由于医师每天的班次安排是随机分布的，所以未参加调查的医师的分布也应该是随机的，即与参加调查的医师的分布应该大体相同。

从缺失值对应医师的职称分布来看，正高、副高、中级和初级职称分别为 20、22、27 和 32 人。卡方经验结果表明，有效值和缺失值对应医师的职称分布的差异无统计学意义。详见表 3-9。

表 3-9   有效值和缺失值对应医师的职称分布情况

是否缺失	主任医师		副主任医师		主治医师		住院医师	
	人	%	人	%	人	%	人	%
有效值	55	14.67	79	21.07	108	28.80	133	35.47
缺失值	20	19.80	22	21.78	27	26.73	32	31.68
合计	75	15.76	101	21.22	135	28.36	165	34.66

$X^2 = 1.799$，$P = 0.615$

从缺失值对应医师的科室分布来看内科、外科、妇产科、儿科、五官科、ICU 和其他科室分别为 24、25、5、4、10、2 和 31 人。卡方经验结果表明，有效值和缺失值对应医师的科室分布的差异无统计学意义。详见表 3-10。

表 3-10   有效值和缺失值对应医师的科室分布情况

是否缺失	内科	外科	妇产科	儿科	五官科	ICU	其他科室
有效值	133	137	25	23	54	12	92
缺失值	24	25	5	4	10	2	31
合计	157	162	30	27	64	14	123

$X^2 = 6.472$，$P = 0.372$

由于未获得缺失值对应医师的学历及工作年限信息，故本书未对有效值和缺失值对应医师的学历和工作年限分布进行比较。由以上分析可知，101 名缺失医师的分布是随机的，因此对本研究的结果和结论不会产生实质性影响。

第二节 基于临床路径的防御性医疗测量分析

高质量的 DM 行为测量工具是调查、监测、分析和控制医师 DM 行为的基础。目前，国际上测量医师 DM 行为的方法主要有医师直接调查法、医师临床情景调查法和卫生保健使用法。其中，医师直接调查法应用最为普遍。然而，医师可能较难区分诊疗行为究竟是出于防御性目的还是其他目的，而且出于各种考虑，医师可能会高报或低报自己的 DM 行为的数量。因此，该方法较难对医师的 DM 行为进行客观、准确测量。另外，"医师临床情景调查法"和"卫生保健使用研究法"也存在缺陷，难以得到广泛应用。基于此，本研究以脑出血住院患者为例，在借助国家卫生健康委颁布的临床路径的基础上，研制了具有较高可行性、效度和信度的 DM 行为测量工具和方法，以便卫生行政主管部门和医疗机构开展 DM 行为的调查、监测、分析和控制工作，也为 DM 行为实证分析提供了研究工具。

一、DM 行为测量工具的研制方法

根据 DM 行为的概念，构成 DM 行为需要符合两个条件：一是，医师的诊疗行为偏离了诊疗规范；二是，偏离诊疗规范的主要目的是规避

医疗纠纷和诉讼风险。为此，本研究紧密围绕上述两个条件研制了两个测量工具：一是临床路径，主要用来判断医师的诊疗行为是否偏离了诊疗规范，它主要借鉴国家卫生健康委颁布的临床路径；二是 DM 行为的识别标准，主要用来核对偏离临床路径的诊疗行为是否是出于防范医疗纠纷和诉讼目的。

1. 临床路径

临床路径是指针对某一单病种的诊断、治疗、康复和护理所制定的一个诊疗标准化模式。脑出血是神经外科的常见疾病，本研究将脑出血住院患者作为研究对象。本研究应用的脑出血临床路径来源于国家卫生健康委制定和颁布的临床路径版本。

2. DM 行为识别标准

DM 行为与医师追求经济利益而采取的过度医疗行为在主观目的、行为与病情相关程度、行为的后果等方面存在明显区别。本研究从二者的区别出发，在专家咨询的基础上，研制出 DM 行为的识别标准。

二、DM 行为的测量与分析方法

调查对象为河北省某三甲综合医院最近 3 个月出院并且第一入院诊断为脑出血（ICD-10 为 I61）的住院患者，共 110 例。具体的测量与分析方法如下：①住院病历摘录。经过培训的现场调查员到该医院病案科，对符合条件的住院病历进行查阅和摘录，摘录重点内容包括病案首页信息、长期和临时医嘱单、各类知情同意书、会诊情况、转诊情况、出院记录、住院总费用及构成等信息；②住院病历回顾性评判，并统计偏离临床路径的诊疗项目。评判员由 2 名经验较为丰富的神经外科临床医师组成。评判员依据脑出血的临床路径，对每份住院病历进行回顾性评判，列出住院诊疗过程中偏离临床路径的诊疗项目的类型和数量；③责任医师问卷调查。询问责任医师诊疗项目偏离临床路径的原因，初步统计 DM 行为的类型和数量；④为了更加准确区分医师诊疗项目偏离临床路径的原因，应用 DM 行为识别标准为工具，与责任医师的问卷调查结果进行即时比较、分析，对二者判断不一致的诊疗项目进行深入访谈，以明确其是否属于 DM 行为；⑤利用平均数、率等常规统计指标，分析医师 DM 行为的主要表现形式、数量、分布和主要特征。根据现行诊疗服务价格，测算由 DM 行为产生的医疗费用，并测算和分析该费用占住院患者总费用及不必要医疗费用的比重（曹志辉，2014）。

三、防御性医疗的类型与数量分析

（一）脑出血住院患者 一般情况描述性分析

本研究收集的住院患者第一入院诊断为脑出血（ICD-10 为 I61）的住院患者，共 110 例。分布在神经内科（18 例）和神经外科（92 例）2 个临床科室，其中内科治疗 71 例（占 65%），外科手术治疗 39 例（35%）。经治医师共 20 人，其中采取内科保守治疗的医师 11 人，采取外科手术治疗的医师 9 人。

从性别构成来看，内科治疗患者中，男性 41 例，女性 30 例；手术治疗患者中，男性 21 例，女性 18 例。内科治疗患者平均年龄 64 岁，标准差为 15 岁；外科治疗患者平均年龄 58 岁，标准差 13 岁。从年龄的具体分布来看，内科治疗患者以 65 岁以上人群为主，占 53.5%；而外科手术治疗患者以 55—64 岁年龄段为主，占 38.5%。从医保类型来看，内科治疗患者中，城镇医保、新农合和自费患者分别为 44、25 和 2 例；外科手术治疗中，城镇医保、新农合和自费患者分别为 16、22 和 1 例。

从入院次数来看，内科治疗和外科手术治疗均以第一次入院患者为主，第二次入院的患者内科治疗和手术治疗分别为 2 例和 1 例。从病人入院时病情严重程度来看，内科治疗患者中，危重病例占 21%，急症病例占 76%，一般病例占 3%；外科手术治疗患者中，危重病例占 41%，急症病例 56%，一般病例 3%。从病人出院时情况来看，内科治疗患者，治愈占 56%，好转 27%，未愈 1%，死亡占 10%，其他占 6%；手术治疗患者中，危重病例治愈占 72%，好转 13%，死亡占 15%。

（二）住院患者的住院天数和费用

从住院天数来看，内科治疗患者的平均住院天数为 13.34 天，标准差为 10.16 天；外科治疗患者的平均住院天数为 20.41 天，标准差为 17.31 天。根据国家卫生健康委 2011 年颁发的脑出血治疗的临床路径，内科治疗和手术治疗患者的住院天数应分别控制在 13 天和 21 天。本次调查的脑出血住院患者中，内科疗法有 33 人超出了 13 天，占所有内科疗法患者数量的 46.5%；外科手术疗法中有 13 人超出了 21 天，占所有外科疗法患者数量的 33.3%。（表 3-11）

内科治疗患者住院费用的中位数是 16277 元，四分位间距为 19619 元；外科治疗患者住院费用的中位数是 56252 元，四分位间距为 68995 元。由此可以看出，手术治疗患者的住院费用远远高于内科治疗患者，而且两种治疗方法的住院费用差异很大。（表 3-12）

从住院费用的构成来看，内科治疗患者最主要的费用是药品费（10519 元），占总费用的 51%；其次为手术与医疗费（4615 元），占 23%。手术治疗患者最主要的费用是手术与医疗费（30425 元），占总费

用的 45%；其次为药品费用（27161 元），占 40%。（表 3-13）

表 3-11　脑出血住院患者的住院天数

治疗方式	临床路径天数（天）	大于临床路径天数的病例（例）	百分比（%）
内科治疗	13	33	46.5
手术治疗	21	13	33.3

表 3-12　脑出血住院患者的住院费用（元）

治疗方式	中位数	P_{25}	P_{75}
内科治疗	16277	7497	27116
手术治疗	56252	30824	99819

表 3-13　脑出血患者的住院费用构成

治疗方式	药品费		检查化验费		手术与医疗费		其他费	
	金额（元）	百分比（%）	金额（元）	百分比（%）	金额（元）	百分比（%）	金额（元）	百分比（%）
内科治疗	10519	51	3348	16	4615	23	1998	10
手术治疗	27161	40	7237	11	30425	45	3290	5

（三）住院诊疗中的防御性医疗行为的种类和数量

1. 增加病人的会诊

在内科治疗的 71 例患者中，医师为 35 例（占 49%）患者请了其他专科的医师进行会诊73次，平均每例患者1.03次会诊，其中有3位患者的会诊多达七八次；共邀请了19个科室的医师来会诊，其中请心内科会诊次数最多，为14次，其次为神经外科，为10次。在外科治疗的39例患者中，医师为23例（占59%）患者请了其他专科的医师进行会诊44次，平均每例患者会诊1.13次，其中有3位患者的会诊超过5次；共邀请了12个科室的医师来会诊，其中请心内科和康复会诊次数最多，均为9次。进一步访谈显示，内科保守治疗的29次会诊（占39%）和外科手术治疗的19次会诊（占43%）的主要目的是为了免责。

2. 回避收治高危患者

将近50%的接受访谈的医师表示自己曾经有过拒绝接受收治脑出血患者的经历。正如一位医师所谈到的："年前，我遇到过一个脑出血的急诊病号。他的家属事特别多，这也不做那也不做。像这种病人收进来了，别想有好日子过。我跟他说没床了，不行送ICU吧，要不就在急诊留观一晚，明天转院也行。"由此可见，医师为了避免医疗纠纷经常回避收治某些脑出血的高危患者。

3. 回避高风险诊疗方案或操作

在谈到蛛网膜下腔出血病人的治疗时，该院神经外科的某位副主任表示："以前，我们试行过脑脊液置换疗法，效果挺好的，比现在的开颅血肿清除和内科保守治疗还要便宜。不过也有很大的风险，尤其是病人出血量大或者不能继续排出血时，有加重出血和脑疝的风险。我们现在基本上不开展了。"由此可见，医师在脑出血患者的诊疗过程中确实存在回避高风险诊疗操作的情况。

4. 适度夸大病情

100%的医师在接受访谈时表示，适度夸大患者的病情是很正常的事情。

5. 增加检查化验项目

主要出于免责的考虑，医师为脑出血内科治疗患者开具的各种检查和化验项目共716项，人均10项，涉及71例患者（占100%）；医师为脑出血外科手术治疗患者开具各种不必要的检查和化验项目，共864项，人均22项，涉及39例患者（占100%）。访谈结果表明，医师经常通过为患者增加检查化验项目来降低漏诊和误诊的风险，进而降低由此产生的医疗纠纷。

6. 多为病人开具药物

由于较难分清医师开具药物的目的是否为了应对医疗纠纷压力，本书并未对医师开具的药物进行统计分析。不过，与一位医师的谈话确实反映出了医师开具某些药物含有避免医疗纠纷的成分。"脑梗死或脑出血的患者，多给她开一些养脑细胞的药，可以防止痴呆。康复效果好了，病人自然也不会找你麻烦……按照国家卫生健康委颁布的抗生素使用规范，血肿清除术的患者使用抗生素的天数比我们少多了，但万一发生感染了怎么办？患者可不会拿规范来衡量你。"

7. 放宽下达病重、病危医嘱及护理等级

按照国家卫生健康委颁布的临床路径，脑出血内科治疗患者在4~6天可实施1~2级护理，7~13天实施2~3级护理；而外科手术治疗患者在术后第8天可实施1~2级护理。然而，调查发现，没有1例脑出血患者的护理级别为3级，另外在相应的时间段内对脑出血患者的护理级别要高于临床路径的标准。

8. 增加各种告知及知情同意

在接受内科保守治疗的71名患者中，医师与患者签署了413张书面的知情同意书，平均每名患者 5.82 张。在接受外科手术治疗的 39 名患者中，医师与患者签署了 412 张书面的知情同意书，平均每名患者 10.56 张。由签署的知情同意书的种类可以看出，为病人开展一些特殊的诊疗措施需要患者签知情同意书，患者拒绝接受某项化验、检查和治疗措施也要签署知情同意书。一位接受访谈的大夫表示，这两年需要和患者签署的知情同意书种类和数量逐年增加。

（四）防御性医疗行为造成的额外医疗费用分析

本书仅针对防御性医疗中的检查和化验行为进行定量分析。本书用 DM 行为所造成的额外检查化验费及占患者化验检查费的比重来反映医疗纠纷压力对临床医师化验检查行为的影响程度。经过测算，内科治疗患者的检查化验费平均增加 825 元，占全部检查化验费的 24.6%；外科手术治疗患者的检查化验费平均增加 1527 元，占全部检查化验费的 21.1%。详见表 3-14。

表 3-14　脑出血患者例均检查化验费及医疗纠纷压力造成的额外费用

治疗方式	平均检查化验费（元）	平均增加的检查化验费（元）	占全部检查化验费的百分比（%）
内科治疗	3347	825	24.6
手术治疗	7237	1527	21.1

四、结论

1. 本研究提出的 DM 行为测量方法具有较好的科学性

本研究以脑出血为例，以临床路径为基础，探索性地应用了病例回

顾性评判法对 DM 行为进行了测量。根据 DM 行为的定义，医师的 DM
行为应符合两个条件：第一，DM 行为首先是偏离诊疗常规的行为；第
二，医师偏离诊疗常规的行为主要是出于防范医疗纠纷和医疗诉讼的目
的。由于本研究的操作思路与判断 DM 行为的逻辑步骤完全一致，因此
通过该方法对 DM 行为的测量结果应具有较高的科学性，对于卫生行政
主管部门和医疗机构开展 DM 行为的调查、监测、分析和控制，及 DM
行为实证分析具有参考价值。

2. 医疗纠纷和诉讼压力导致医师产生了各种类型的 DM 行为

面对医疗纠纷和诉讼压力，医师采取了各种形式的 DM 行为，主要
表现为三种类型：第一，多提供某些诊疗服务，如各种不必要的检查、
化验、药物、邀请专家会诊和转诊等；第二，少提供或不提供某些必要
的诊疗服务，如收治高危病人，提供高风险的诊疗方案或操作等；第
三，向患者夸大病情、要求患者签署不必要的知情同意书等。从具体的
表现形式来看，包括以下方面：①增加病人的会诊、转诊；②回避收治
高危病人；③回避高风险的诊疗方案或操作；④交代病情时，适度夸大
病人的病情；⑤增加检查和化验项目；⑥多为病人开具药物；⑦放宽下
达病重、病危医嘱及护理等级标准；⑧增加请示上级医师的次数；⑨更
多的告知（知情同意）；⑩更详细的病情记录。

3. 本研究的局限性及改进方向

本研究仍有一些不足之处：第一，医师回顾性调查，可能存在回忆
偏倚；第二，在判断医师采取的不必要诊疗服务项目是否属于 DM 行为
时，医师缺乏客观的判断标准。为此，提出以下改进方向：①回顾性评
判最好在患者出院时立即进行，最长不能超过 2 周时间。②应用 Delphi
法研制出较为客观的 DM 行为识别标准，主要由偏离临床路径的诊疗项

目清单与分类构成。根据偏离临床路径的原因，可以将诊疗项目分为确定 DM 行为、确定非 DM 行为和不确定 DM 行为。③针对各种 DM 行为测量方法的缺点，建议应综合多种研究方法，以便不同渠道获取的信息能达到相互补充和相互验证的作用。

第四章　医疗损害责任的经济学解释

　　一般而言，医疗纠纷主要是因为医患双方在以下三个逐级递进的环节不能达成共识。①医师为患者诊疗的过程中是否发生了医疗损害事实，损害的程度有多大，即医疗损害事实的认定问题。②如果确实发生了医疗损害事实，医疗损害的责任到底应该由谁来承担，医师、患者，还是双方共同承担？即医疗损害责任的分担问题。③如果应该由医师承担，医师将以何种形式和在多大程度上来承担医疗损害责任，即医疗损害责任大小的问题。医患双方在以上三个环节发生争议后，应该如何解决和处理争议，针对这三个问题，国家是有相关的法律法规可依的。从经济学的角度来说，如果处理争议适用的规则不同、处理的实际结果不同，将会对医师产生不同的激励作用，也会直接影响到医师今后的诊疗行为。因此，本章主要围绕着这三个环节依次来展开。

第一节　医疗损害

　　医疗损害是指在诊疗、护理过程中，医疗行为对患者产生的不利的事实。具体而言，是指因医疗行为对患者身体权、健康权、生命权、财产权、隐私权、名誉权、知情同意权等所造成的损害，是医疗行为引起的对患者不利的后果和事实。

一、医疗损害的分类

根据《民法典》，医疗损害可以分成以下几类：

1. 损害患者人身权

公民的人身权是公民享有其他权利和进行各项活动的前提和基础。具体说，对患者人身权的损害应包括以下三项内容：

（1）对患者生命权的损害

生命权是自然人最基本的人身权利。医疗行为对患者生命权的损害表现为由于医师的过失而使患者丧失生命的行为，对于这种导致患者死亡的医疗过失行为，医方在依法承担相应行政责任、刑事责任的同时，还要承担民事损害赔偿责任。

（2）对患者健康权的损害

公民健康权是一项基本的人权，医疗行为对患者健康权的损害表现在对自然人生理机能的正常运行和功能完善发挥的损害上。

（3）对患者身体权的损害

身体权是公民对自己身体组成部分的支配权，这种损害行为具体表现为医师违反诊疗护理目的和技术规范，导致患者身体的完整性受到损害。如在未经患者同意的情况下，医师将患者身体组成部分的血液、皮肤、肾脏、角膜等抽出、切除或移植的行为，都侵犯了患者身体的完整性，属于损害患者身体权的行为。

2. 损害患方财产权

损害财产权是指侵权行为造成患者财产损失的行为，而财产损失是指患者因其财产或人身受到侵害而造成的经济损失。财产损失可以分为两种：一是直接损失，又称为积极损失，是指患者为了补救受到损害的民事权益发生的必要支出。对于直接损失，原则上应当全面赔偿；二是间接损失，又称消极损失，是指由于患者受到损害，而发生的可得的财产利益的丧失。间接损失是否应当得到赔偿，应根据具体案件中的患者在未来得到该项财产利益可能性的大小来决定。医疗过失行为造成患者伤残、死亡的后果，就必然导致患者及其近亲属不必要的财产支出。对于这种损失（包括直接损失和间接损失），医方应承担损害赔偿责任。另外，损害财产权还包括延长患者病程，小病大治、短病长治，甚至无病也治等情形时给患者所造成的财产损害。

3. 损害人格利益权

人格利益权包括名誉权、隐私权和知情同意权。

（1）损害患者名誉权

名誉权是自然人就其获得的品德和社会评价不受他人损害的权利，这种权利具有专属性、非财产性的特点。名誉权与公民在社会上的地位和尊严息息相关，与他人对自己的信任度和尊重度密切相关。一个人的社会评价被降低，将会严重影响他的社会活动和个人生活。由于患者的患病因素错综复杂，疾病本身也在不断发展，现代医学对一些疾病仍然未能完全认识，人们对生理、病理的认识永无止境，因而存在技术上的误诊被医学所允许，同时也不可避免。医方对患者名誉权的损害，在现实中主要表现为：在诊断检查过程中，对一些社会舆论认为有伤风化的疾病的误诊或将没有的疾病诊断为有，并且未履行保密义务，致使患者的社会评价减损。医疗行为对患者名誉权的损害应当具备误诊、未履行保守秘密的义务和该疾病为易引起对患者社会评价减损的疾病这三个要素。

(2) 损害患者隐私权

隐私是指自然人免于外界公开和干扰的私人秘密和私生活安宁的状态。患者的隐私权是指法律赋予患者在接受医疗服务时享有的,要求医方对其合法掌握的有关患者个人的各种秘密不得擅自泄露,并禁止医方非法侵犯的权利。患者隐私一般包括患者的私人信息、私人空间、私人活动等方面的内容。在医疗实践中,侵犯患者隐私权行为的表现形式,主要有以下三种情形:一是故意泄露或传播患者的隐私信息。如向与诊疗该疾病无关的其他医师泄露患者隐私信息、对患者病情当众进行说明或宣布结果、向患者之外的其他人公开其病情等。二是故意暴露患者的隐私部位。如将患者充当活体教学工具进行观摩和讲解,非法利用患者的隐私资料在一定范围的人员中播放。三是非法侵入或窥视患者的隐私。在诊疗时个别医师因缺乏必要的道德素质与职业操守,假借检查身体之名或故意夸大病情诱使患者同意,直接窥视或接触患者身体隐私尤其是异性患者身体的隐蔽部位。

(3) 损害患方知情同意权

知情同意权是指患方在选择和接受诊断与治疗过程中有权获得必要的信息,并在理性的情况下做出决定的权利。它包括对患者所患疾病的知情权和同意权等。正是由于患者享有知情权和自我决定权,医疗机构才应当对患者履行告知义务。因为医学对于患方来说一般是陌生的或者是知之甚少的,患者有权了解对自己身体疾病进行治疗的相关真实的信息。因此,医师告知患方有关诊疗行为的正确无误的信息是其应尽的义务,无论是治疗行为的优点还是缺点,均应向患者进行真实客观的说明和告知,这是患方充分行使自主决定权的前提和基础。这一规定充分说明患方知情同意权的重要性,因为使患者在充分知悉相关信息的基础上，做出是否施行具有侵袭性的医疗行为的决定是法律赋予患者不可侵犯的权利。如果医方未尽到告知说明义务，就应当承担相应的赔偿责任。

二、医疗损害认定的法律依据

截至目前，我国有多部法律和法规涉及医疗损害的认定问题，主要包括《民法典》《执业医师法》《医疗事故处理条例》《医疗纠纷预防和处理条例》《医疗机构管理条例》以及国务院和国家卫生健康委等颁发的相关法规和规章制度（尹建鹏，2016）。《民法典》在第七编第六章医疗损害责任部分，对医疗损害的认定、医疗损害的归责原则和赔偿问题做了明确规定，并于2021年1月1日正式实施。该法是目前处理医疗损害纠纷最新、效力最高的法律依据。

三、医疗损害的经济学解释

1. 医疗损害导致患者效用水平下降

假如存在这样一个模型，除了单一产品外，还存在两种其他的商品：制造商品，它可以从单一商品中制造出来；不可替代商品，它不能从单一商品中制造出来。在本研究中，单一商品可以解释为财富；制造商品，如患者的生活用品。不可替代商品可以是患者健康身体的完整性或者是精神上的良好状态。假设一个人的效用等于他拥有的单一商品的单位数，加上制造商品对他的价值，再加上不可替代商品对他的价值，同时假设社会福利等于个人效用的总和。

在这一模型中，当单一商品遭受了损失或者当制造商品遭受了损失，我们就可以说发生了金钱损失。比如，医师为了追求自己的经济利益，给患者提供了大量不必要的检查、化验项目和药品，增加了患者不必要的就医成本，即给患者造成了经济损失，这也属于医疗损害的一种。如果制造商品遭受了损失，金钱损失的数额可以被定义为重新制造一个相同的商品所需要的单一商品的数量。做出这种定义是为了保证由于制造商品所造成的社会福利的减少仅仅是生产成本。社会损失通常并不像个人所赋予的制造商品那样有高的效用，因为这一商品可以用生产成本来代替。如果一个生产成本是3的制造商品被损坏了，这一商品对于其所有人的效用是15，但是社会福利的损失并不是15，而是替代成本3。另一方面，当不可替代商品发生损失时，可以说非金钱损失发生了。这一损失的数额可以说被视为这一商品对于个人的效用。由于这一商品是不能被替代的，这一商品的效用就是由于这一商品的损失所导致的社会福利的降低。医疗损害损失的大小可以用金钱损失和非金钱损失的总额来表示。

医疗损害无疑将导致患者的效用下降，本研究用无差异曲线分析法进行解释。为了便于分析，图4-1画出了某患者的个人效用函数，主要考察两种商品：健康（横轴）和财富（纵轴）。图中的无差异曲线 U_0 或 U_1，表明所有健康和财富的组合给该患者的满足水平是一样的。更高的无差异曲线表示更高的满足水平。U_0 以上任何健康和财富的组合都比 U_0 本身和 U_0 以下的健康和财富的组合更好。无差异曲线形状表明该患者愿意在维持总的效用水平下，对两种商品的多寡进行权衡。如果沿着 U_0 向左移动，他的财富会以一定的比率上升，正好弥补他恶化的健康。同样，如果沿着 U_0 向右移动，他的健康会以一定比率提高，正好弥补他减少的财富。

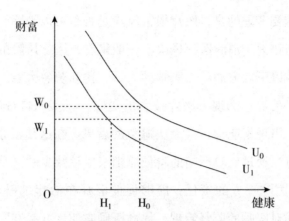

图 4-1 表示医疗损害导致患者无差异曲线的移动

假定某患者最初拥有健康 H_0，拥有财富 W_0。效用函数即为：$U_0 = U(H_0，W_0)$。现在假设医师实施的某种医疗行为损害了该患者，使他的健康下降到了 H_1，财富下降到了 W_1。由于该患者受到医疗损害，其效用由 U_0 下降到了 U_1。

2. 医疗损害属于负的外部性

从经济学的角度看，医疗损害属于医患私人协议之外所造成的伤害，是一种负的外部性，即医师在诊疗、护理过程中，医疗行为对患者的人身权、财产权和人格利益权产生不利的影响，而医师对这种影响没有给予补偿。之所以医疗损害属于一种外部性，主要是因为交易成本过高，患者不可能和医院或医师就人身或财产损害事先达成某种协议。因为，损害的发生具有或然性，人们无法预料损害什么时候发生，尽管医疗损害存在统计意义上的概率；损害的方式具有多样性；医疗损害的原因具有复杂性，通常不是一个因素引起了损害发生；损害的后果较难预测，等等。因此，医患之间就潜在医疗损害事先达成协议的成本将会很高，以至于很难做到，也完全没有必要去做。由于私人协议之外的医疗损害发生了，即出现了经济学中的负外部性。

接下来需要考虑的是，医疗损害风险是否是可以消除，如果可以消除，应该如何致力于消除医疗风险。一般来看，医疗风险的产生原因可以大体归结为以下四方面：①医师的失误，比如疏忽大意，过于自信或本身技术不过关等；②现有医疗技术的局限；③疾病自身的不确定性；④不可抗力，出现不能预料或无法避免的后果。在这几项原因中，很明显第一项是可以通过比较严格的责任原则来尽量减少的（尽管仍然无法消除），加重医院一方的责任，能够促使医师在治疗过程中认真谨慎，督促医院加强对医师的监督管理，提高医师素质，并且在聘任时严格把关，选择技术过硬、水平高超的医师。但是第二、第三、第四项却是不能通过责任的加重来予以规制的（如第二项），只能靠医学的进步和医疗技术的完善而逐渐改善。所以说，医疗风险只能在一定程度上减小，而不能从根本上消除，它总是存在的。总而言之，医院或医师也无法避免医疗损害协议之外的所有医疗损害风险的发生，即使能避免，需要采取的预防成本也将高到难以想象。

既然医疗损害风险无法完全消除，那么医疗损害事实发生后，如何在医患之间合理地分配这个医疗损害责任，即医疗损害的归责原则就成了最关键的问题。即医疗损害后果需要由医方还是患方承担？或者是由双方共同承担？不同的医疗损害归责原则对医师的诊疗行为产生的激励作用是不一样的。

第二节　医疗损害责任的归责原则

一、医疗损害归责原则及经济学解释

所谓归责原则，是指行为人的行为或物件致他人遭受损害的情况下，根据何种标准和原则确定行为人的侵权民事责任。一定的归责原则决定着侵权行为的分类，也决定着责任构成要件、举证责任的负担、免责条件、损害赔偿的原则和方法、减轻责任的根据等。侵权行为归责原则是侵权行为法理论的核心，是司法审判人员处理侵权纠纷的基本准则。对同一行为，适用不同的归责原则，行为人承担的责任可能完全不同，行为人采取的行为也可能完全不同。医疗损害责任的归责原则主要有无过错责任原则、过错责任原则和过错推定原则三种类型。

（一）无过错责任原则

无过错责任原则，也称为严格责任原则，是指无论行为人有无过错，但法律规定应当承担民事责任的，也应当承担民事责任。在适用无过错责任时，医疗损害责任的构成要件为两个：第一，患者在接受诊疗服务的过程中造成了一定的医疗损害事实；第二，医疗机构及其医务人员的行为与患者医疗损害后果之间存在因果关系。只要同时具备上述两个构成要件，医疗机构就应承担医疗损害责任。

1. 医疗损害事实

医师承担过错责任的第一个基本要素是患者必须已经遭到医疗损

害，即在诊疗、护理过程中，医疗行为对患者已经产生了不利的事实，如因医疗行为对患者身体权、健康权、生命权、财产权、隐私权、名誉权、知情同意权等造成损害，并造成了财产利益和非财产利益的减少或灭失的客观事实。损害事实是由两个要素构成的：一是权利被侵害；二是权利被侵害而造成利益受到损害的客观结果。在医疗损害案件中，损害事实主要是指患者生命健康权受到侵害的客观事实，同时，也包括患者及其家属因生命健康权受损而遭受的精神损失。医疗损害案件很少涉及患者单纯的财产损失，因为患方所主张的经济损失主要是基于其生命健康权受到损害而发生，如医药费、护理费、误工费、残疾赔偿金、死亡赔偿金等。

在医疗损害案件中，损失事实的存在是医疗机构承担医疗损害责任的前提条件，无损害则无责任。患方对损害事实的发生负有举证责任。如果患方不能举证证明医疗损害事实的存在，则其损害赔偿的请求也无法得到法院的支持。在实践中，患方证明其遭受的人身损害并不难，较难确定的是精神损害及其程度，患方较难举证证明。

2. 医疗机构及其医务人员的行为与患者医疗损害事实之间存在因果关系

在无过失责任原则下，医疗机构及其医务人员的行为与患者医疗损害事实之间必须具有因果关系是医疗机构承担医疗损害责任的另一个构成要件。所谓因果关系，是指现象之间引起与被引起的关系。引起某一结果发生的现象为原因，被某一原因所引起的现象为结果。由于医疗过程的特殊性，比如因果关系的专业性、不确定性和复合性，导致医疗损害案件中因果关系的认定往往比在其他案件中更为困难。从理论上来说，引起医疗损害事实发生的现象是多方面的，通常包括医师的诊疗行为、医院的设施功能、患者的疾病、患者的特殊体质、患者不配合治疗、第三人的非法行为等因素。这些都是分析因果关系中具体原因时所需要考虑的问题。造成医疗损害的原因可能是上述一个事实，也可能是数个或全部事实，而患者及其亲属遭受的人身损害和财产损失则是因果关系中的结果。在医疗损害赔偿责任中对因果关系做出客观、正确的认定，决定着医方是否应承担损害赔偿责任及在多大范围内承担赔偿责任这一关键问题。

由于医务人员的行为与患者的医疗损害事实之间的因果关系认定较为困难，法院的一般做法是，求助于第三方专业机构（法定的鉴定机构），通过法定鉴定机构对医疗机构或患者提供的相关证据进行解读，给法官直接可以援引和使用的证据，协助法官做出因果关系的判断。

（二）过错责任原则

过错责任原则，是指以过错作为归责的主要构成要件。过错责任原则要求行为人尽到对他人的谨慎和注意义务，努力避免损害后果。按照过错责任原则，行为人在有过错的情况下，才承担民事责任。行为人没有过错的，就不承担民事责任，此即所谓的"无过错即无责任"原则。在适用过错责任时，医疗损害责任的构成要件为三个：①医疗机构及其医务人员存在医疗过失；②患者有一定的损害后果；③医疗机构极其医务人员的医疗过错与患者损害后果之间存在因果关系。只有同时具备上述全部要件，医疗机构才承担医疗损害责任。由此可见，与无过失责任原则相比，过失责任原则多了一个构成要件，即医疗机构及其医务人员存在过失。

1. 医疗过失的定义及判断标准

医疗过失是指，医务人员在诊疗行为的施行过程中没有充分履行其应尽的注意义务，从而引起患者生命权、健康权等受到损害的行为。它是一种违反客观注意义务的过失责任，而医疗注意义务的关键在于对注意义务如何进行界定，它一般包括两种情形：一是结果预见义务，即医师在施行医疗行为时对患者可能产生的损害后果有预见的义务；二是结果避免义务，即医师在预见到其诊疗行为可能会造成患者损害时，应放弃该种疗法或提高注意并采取有效措施避免这种损害后果发生的义务。由于医师的诊疗行为以治疗患者疾病和恢复健康为目的，且具有一定的侵袭性和复杂性的特点，容易引起对患者的损害。为了避免诊疗所带来的损害，医师在治疗之前必须对一切可能发生的损害有所认识，并且采取措施防止损害的发生。如果已经预见到或应该预见到此种损害结果而没有采取应有的避免措施，就可以认定存在医疗过失。

在实践中，判断医疗机构和医务人员是否存在过失的主要标准，是有关医疗卫生管理法律、法规、部门规章及临床诊疗技术操作常规和规范。①法律：主要有《民法典》《执业医师法》《母婴保健法》《人口与计划生育法》《献血法》《职业病防治法》《传染病防治法》和《药品管理法》；②法规：主要有《医疗事故处理条例》《医疗机构管理条例》《护士条例》《麻醉药品管理办法》及《医疗用毒性药品管理办法》等；③规章：指国家卫生健康委及国务院各部委颁布的规范性文件，比如，《医疗事故技术鉴定暂行办法》《医疗事故分级标准（试行）》等；④诊疗规范：所谓诊疗规范，是指以维护患者生命健康权、规范医疗行为为目的，在总结医学科学技术成果和以往诊疗护理经验的基础上，在医疗活动中逐渐形成的有关医疗行为的规范或指南。它既包括各级卫生行政部门、各类医学行业组织制定的各种标准、规程、制度、规范、指南、指引等成文文件，也包括尽管不成文，但在治疗活动中约定俗成的，为多数医疗机构及其医务人员通常遵循的诊疗护理管理或者通行的做法。在实践中，医疗机构及其医务人员的违规行为主要是指违反诊疗规范的行为。

2. 医疗过失的经济学解释

有一些医疗过失是二分类变量（要么——要么、是——否、开——关）。不过，注意义务更多地适用于连续型变量。本书用连续型变量 X 表示预防水平，X 越高表示预防水平也越高。在医疗损害案件中，患者必须证明，医师未尽到本应对患者履行的义务（在"谁主张、谁举证"的举证规则下）。法定注意义务标准是一种法定标准，它规定了最低可以接受的预防水平。图4-2 中 X′表示法定注意义务标准。低于 X′的预防水平就违背了法定标准。预防水平 X′将图4-2 一分为二，划分为两个区域：一个是允许区域，另一个是禁止区域。这样，X<X′表示医疗行为有过错，而 X≥X′表示医疗行为没有过错，X 表示医师提供的真实预防水平。在过失责任原则下，如果医师采取了相当于或甚至高于法定水准的预防书评，他将被免除承担患者的医疗损害责任；而那些采取了低于法定预防水准的医师，则须承担医疗损害责任。

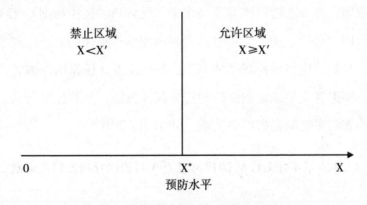

图4-2 连续型预防水平的法定标准

（三）过错推定原则

推定，是指根据已知的事实，对于未知的事实所进行的推断和确定。过错推定，也称过失推定，是指如果原告能证明其所受的损害是由被告所致，而被告不能证明自己没有过错，则应推定被告有过错并应负民事责任。过错推定原则是过错责任原则的一种表现形式，因此，根据过错推定原则认定医疗机构是否应当承担医疗损害责任时，适用于过错相同的构成要件，区别在于过错要件是通过推定来实现的。

二、我国医疗损害归责原则的法律依据

（一）2002 年 4 月 1 日前的医疗损害归责原则

在 2002 年 4 月 1 日最高人民法院《关于民事诉讼证据的若干规定》实施之前，我国法院在审理医疗损害赔偿案件时，采用的归责原则是过错责任原则，其基本法律依据是《中华人民共和国民法通则》第 106 条第 2 款，即"公民、法人由于过错侵害国家的、集体的财产，侵害他人财产、人身的，应当承担民事责任"。根据过错责任原则，患者负有举证责任，即患者应举证证明医师的行为存在过错，且其过错行为与患者的医疗损害后果之间存在因果关系（陈志华，2010）。

（二）2002 年 4 月 1 日至 2010 年 7 月 1 日的医疗损害归责原则

基于医疗侵权案件中患方举证的特殊困难，最高人民法院在大量调研和征求意见的基础上，于 2001 年 12 月 6 日颁布了《关于民事诉讼证据的若干规定》，并自 2002 年 4 月 1 日起施行。其中第 4 条第 1 款第 8

项规定，因医疗行为引起的侵权诉讼，由医疗机构就医疗行为与损害结果之间不存在因果关系及不存在医疗过错承担举证责任，即人们俗称的"举证责任倒置"规则。根据该证据规则，在医疗侵权案件中，医疗机构应就其医疗行为不存在医疗过错、医疗行为与损害后果之间不存在因果关系承担举证责任；如果医疗机构不能举证证明上述事项，则人民法院可推定医疗机构存在医疗过错、医疗行为与损害后果之间存在因果关系，即过错推定和因果关系推定原则。

（三）2010 年 7 月 1 日后的医疗损害归责原则

2009 年 12 月 26 日出台了《中华人民共和国侵权责任法》，并于 2010 年 7 月 1 日起施行。2020 年出台了《中华人民共和国民法典》，并于 2021 年 1 月 1 日起施行。根据该法第七编第六章医疗损害责任部分，医疗损害责任的认定采用的是区别不同情况的多元归责体系。具体如下：

1. 一般情况下适用过错责任原则

《民法典》第一千二百一十八条规定："患者在诊疗活动中受到损害，医疗机构或者其医务人员有过错的，由医疗机构承担赔偿责任。"本条规定表明《民法典》确立了过错责任原则为我国医疗损害责任的一般归责原则，在法律没有特殊规定的情况下，均适用过错责任原则。

2. 特殊情况下适用过错推定原则

《民法典》第一千二百二十二条规定："患者有损害，因下列情形之一的，推定医疗机构有过错：①违反法律、行政法规、规章以及其他有关诊疗规范的规定；②隐匿或者拒绝提供与纠纷有关的病历资料；③遗失、伪造、篡改或者违法销毁病历资料。"

3. 特别案件适用于无过错责任原则

《民法典》第一千二百二十三条规定："因药品、消毒产品、医疗器械的缺陷，或者输入不合格的血液造成患者损害的，患者可以向药品上市许可持有人、生产者、血液提供机构请求赔偿，也可以向医疗机构请求赔偿。患者向医疗机构请求赔偿的，医疗机构赔偿后，有权向负有责任的药品上市许可持有人、生产者、血液提供机构追偿。"这是我国现有法律中唯一的关于医疗损害责任认定中适用无过错责任原则的法律规定。通过对医疗产品损害责任适用无过错归责原则，降低原告的举证负担，增加被告的举证责任难度。原告无须承担证明医疗产品生产者或医疗机构存在过错的举证责任，只要证明医疗产品具有缺陷，即告完成证明医疗产品生产者或医疗机构构成医疗损害责任的举证要求，有权要求医疗产品生产者或医疗机构承担赔偿责任。医疗产品生产者或医疗机构承担赔偿责任后，可以向对方追偿，即医疗产品生产者和医疗机构将损害赔偿责任按照各自过错程度或比例进行重新分配。

医疗产品损害责任是医疗损害责任的重要组成部分，它兼具医疗损害责任和产品责任双重属性。一方面，医疗产品损害是由医疗器械、药品、血液及制品造成的，但该损害发生在医疗过程中，是由医方提供或使用不合格医疗器械、药品等导致的，体现了医疗机构存在对药品、医疗器械、血液制品等选购时未尽谨慎注意义务的过失，属于医疗行为的延伸。因此，医疗产品损害责任具有医疗损害责任的属性；另一方面，该损害结果非医疗行为直接导致，而是由介入因素，即有质量缺陷的药品、医疗器械或不合格的血液引起。药品、医疗器械、血液等与普通产品并无本质差别，但也存在一定的特殊性，使用药品、医疗器械、血液等产品将直接影响患者生命健康利益。为了更好地保护患方利益，医疗产品损害责任应当依据产品质量责任适用无过错责任原则。

第三节　医疗损害赔偿

如果医师要承担医疗损害责任，那么将以何种形式来承担这种责任呢？通常情况下，医疗损害责任的承担将通过向遭受医疗损害的患者进行经济赔偿来实现（指民事责任部分）。下一步需要回答的问题是，如何测算经济赔偿的数额。赔偿数额的确定也将直接影响到医师的诊疗行为。

一、医疗损害赔偿的法律依据

（一）2010 年 7 月 1 日前的医疗损害赔偿

《侵权责任法》颁布之前，我国的医疗损害赔偿的法律处于二元化状态。根据 2002 年 4 月 14 日国务院颁布的《医疗事故处理条例》，不属于医疗事故的，医疗机构不承担赔偿责任。同时，针对构成医疗事故的情况，规定了具体的赔偿项目及计算办法。最高人民法院于 2003 年 1 月 6 日发布了《关于参照〈医疗事故处理条例〉审理医疗纠纷民事案件的通知》，并于年底正式发布了《关于审理人身损害赔偿案件适用法律若干问题的司法解释》（以下简称《解释》）。该《解释》主要针对我国以往没有统一的人身损害赔偿标准而制定，其特点是详细列明了人身损害的赔偿项目、详细计算方法及适用标准。该计算方法，基本上符合完全赔偿原则。

根据以上通知，将医疗损害赔偿案件人为地分为医疗事故赔偿案件和非医疗事故赔偿案件。两类案件的审理程序、适用法律及赔偿项目的计算完全不同，非医疗事故损害赔偿案件的赔偿数额明显高于医疗损害赔偿案件。正是由于两类案件在损害赔偿计算方面存在巨大差异，因此，患方在起诉时多选择回避医疗事故赔偿纠纷之案由，而选择非医疗事故赔偿纠纷，以期获得更高的赔偿。

（二）2010 年 7 月 1 日后的医疗损害赔偿

2010 年 7 月 1 日，医疗损害赔偿先后依据《侵权责任法》《民法典》。根据最新的《民法典》，侵害他人造成人身损害的，应当赔偿医疗费、护理费、交通费等为治疗和康复支出的合理费用，以及因误工减少的收入。造成残疾的，还应当赔偿残疾生活辅助具费和残疾赔偿金。造成死亡的，还应当赔偿丧葬费和死亡赔偿金。同时，该法还规定了精神损害赔偿项目，即"侵害他人人身权益，造成他人严重精神损害的，被侵害人可以请求精神损害赔偿"。

根据上述法律规定，医疗损害赔偿范围或项目可以分为三个层面。第一个层面是一般赔偿范围，即无论患者损害后果是否构成残疾或死亡，医疗机构均应赔偿的项目，包括医疗费、护理费、交通费等为治疗和康复支出的合理费用，以及因误工减少的收入。第二个层面是残疾赔偿范围，即在患者构成残疾的情况下，医疗机构应当额外支付的赔偿残疾生活辅助具费和残疾赔偿金。第三个层面是死亡赔偿范围，即在患者死亡的情况下，医疗机构应当额外支付的丧葬费和死亡赔偿金。同时，如果医疗机构的侵权行为造成了患者严重精神损害，则无论患者是否构成残疾，医疗机构均应支付精神损害抚慰金。

二、医疗损害赔偿的经济学分析

根据经济学的相关理论，如果引起负外部性的医院或医师不承担赔偿患者医疗损害的责任，医院或医师将降低在医疗损害方面的投资，同时将从事超过社会最佳数量的服务。医疗损害赔偿的经济学目的是希望医院或医务人员将那些由于未能有效防范而造成的伤害的成本内部化。通过让医院或医务人员补偿遭受医疗损害的患者来实现成本内部化（斯蒂文·萨维尔，2004）。当潜在的犯错者内部化了他们所造成的医疗损害的成本时，他们就有动力去在有效率的水平上进行医疗损害防范的投资。因此，医疗损害赔偿的经济本质是通过医疗损害责任的运用，将那些由于高交易成本造成的负外部性内部化。

医疗损害赔偿应使医疗损害尽可能得到恢复，即要求医师赔偿患者因医疗损害行为所遭受的所有损失。全面赔偿原则是侵权法中最基本的赔偿原则，是指医师承担赔偿责任的大小，应以医疗损害所造成的患者实际财产和非财产损失的大小为依据，全部予以赔偿。换言之，就是赔偿以所造成的实际损害为限，损失多少，赔偿多少。这种赔偿原则既包括直接损失的赔偿，也包括间接损失的赔偿。医方的侵权行为侵害患者人身权益，不仅造成了患者的直接财产损失（如医疗费的支出），也造成了患者的间接财产损失（如误工收入的减少），还造成患者的非财产损失（如精神上和肉体上的痛苦）。因此，对于因医方过失行为给患者造成的财产损失与非财产损害，医疗机构都应当给予赔偿。

如图4-3所示，由于遭受医疗损害，患者的效用水平由 U_0 下降到了 U_1。如果需要医师承担完全赔偿责任的话，即医方对因其侵权行为所造成的患者的全部损失都应予以赔偿。也就是说，侵害人的赔偿范围应当与患者的损失范围相当，损失多少，赔偿多少。医师需要将患者的效用水平重新恢复到 U_0 水平。达到此目的的方式是支付一笔赔偿金。当然，假设保证精心的治疗可以恢复患者的健康。一般来说，这笔赔偿金总额上应由补偿财富损失的（W_0-W_1）以及恢复健康所需要花费的费用（H_0-H_1）组成。这可以将患者的效用水平恢复到医疗损害以前的水平。

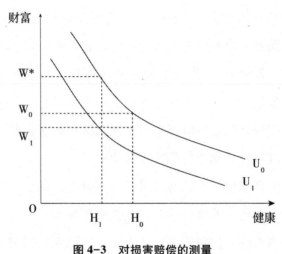

图 4-3　对损害赔偿的测量

然而，如果假设此次医疗损害对患者造成的伤害是难以愈合的，即患者的健康将永久地停留在 H_1 上，那么，医师也只能通过增加患者的财富使其满足程度恢复到医疗损害之前的水平，这不再是恢复财富到原来的 W_0 水平，而是要使财富达到某个水平 W^* 上。由于患者在财富和健康之间进行权衡，医师可以给患者等价的货币补偿，以补偿他在健康上不可挽回的亏损。

第四节 我国医疗损害责任纠纷的处理

本章上文分析了医疗损害认定、医疗损害归责原则及医疗损害赔偿的测算及相关的法律依据。但是，在现实生活中医疗损害责任纠纷的处理是否按照相关的法律规定来处理，也将直接影响到医师的行为，不同的处理结果对医师所产生的激励作用是完全不相同的。因此，有必要对我国医疗纠纷的实际处理情况做一个分析。

一、医疗损害责任纠纷的解决途径

按照现行法律法规的规定，医疗纠纷的解决途径主要有医患双方协商解决、行政解决和诉讼解决三种形式。中华医学管理学会对全国 270家各级医院的调查显示，全国三级甲等医院每年发生医疗纠纷中要求赔偿的平均 100 例，到法院诉讼的只有 20—30 例。胡鹏飞等人对 229 所公立医院发生的 4181 起医疗纠纷进行了调查，发现医疗纠纷通过双方协商解决的有 3378 起，占纠纷总数的 92.30%；通过行政调解解决的 79起，通过诉讼解决的 243 起，分别占纠纷总数的 1.89% 和 5.81%。从笔者调研的案例医院医疗纠纷的解决途径来看，绝大部分采用的是双方协商解决（占 80%—85%），其次是司法诉讼（占 10%）和卫生行政部门调解（占 5%—10%）。由此可见，本研究得到的结果与文献研究结果相似，即医患双方协商解决是最主要的解决途径。出现这种情况的原因主要有两个：

一是患者走司法程序需要支付的成本较高，比如除了支付诉讼费用外，患者还需要耗费大量的时间和精力，法院判决的平均审理时间将近10个月；另外，患者通过司法途径和行政调解获得赔偿额可能会低于双方协商解决获得的赔偿额。因此，大部分患者放弃司法途径选择双方协商解决的决策是符合成本收益原则的。在此种情形下，为了能获得理想的处理结果，患者及其家属将通过采取干扰医院和医师正常工作秩序的方式要求医院进行经济赔偿，比如辱骂医务人员、打砸医院财务、在门诊大厅用高音喇叭发表对医院不利的言论等。由于患者利用此种方式向医院索赔，大大干扰了医院的正常工作秩序，导致医院增加了在医疗纠纷处理中所承担的费用，因此医院方付出的成本要远远高于患者一方。所以，医院将会报着息事宁人的心态与患者进行谈判，但医院的谈判地位相对较弱。在此情形下，医患双方达成的和解协议会对患者有利。

二、双方协商解决实质上执行类无过错责任原则，且赔偿数额高于完全赔偿标准

不少医院本不应该承担的医疗损害责任却遭到了患者或其家属索赔的情况，医院为了息事宁人也向患者或其家属给予了一定经济补偿。比如，案例医院每年发生经济赔偿的医疗纠纷中，10%—20%的纠纷，医院是不应该承担赔偿责任的。即在医疗纠纷处理过程中，医院和医师实际执行了类无过错责任原则。出现这种情况的原因如下：

医疗行为的高风险性使得不良医疗后果的发生难以避免。医患双方客观存在的知识、信息和权力不对称所导致的认知缺失和归因差异，又使得一旦发生不良医疗后果，医患双方极易由于对不良医疗后果的认定存在分歧，导致医疗纠纷的频频发生。中国现阶段患方在外部制度和信息的影响下所形成的对医方的不信任的现状，使得医患关系变得更加脆

弱，一方的任何行为都极易引起另一方的猜疑。一旦医方的治疗行为导致患方身体在治疗过程中受到了伤害或者死亡，作为患方，往往不管到底是不是医方的过错、自己的要求是否合法、证据是否齐全，都会认定是医方的行为过错导致不良后果的产生，认定医方各种基于"科学"的解释都是在推脱和逃避责任，医方应该给自己赔偿，这种认定并没有经过任何科学的鉴定和验证，所以是"非理性"的。为了获得高额赔偿，患者往往采取"闹"的方式来向医院"讨说法"。中华医学管理学会对全国270家各级医院的调查显示，全国73.33%的医院出现过病人及其家属暴力殴打、威胁、辱骂医务人员的事件；61.48%的医院发生过病人去世后，其家属在院内摆设花圈、烧纸、设置灵堂、纠集多人在医院内围攻或威胁院长人身安全等事件。全国三级甲等医院每年发生医疗纠纷中要求赔偿的共计100例，到法院诉讼的只有20—30例。面对患者的非理性索赔，通常医院为了不影响正常的诊疗工作，抱着"花钱买平安"的心态，即使医院没有过错，也赔偿患者一定数额的费用。

另外，案例医院负责人还认为，大部分进行经济赔偿的医疗纠纷实际向患者及家属支付的赔偿金，可能要高过法院判决的医院赔偿数额。也就是说，赔偿数额高于完全赔偿标准。

三、法院有采用无过错责任原则的倾向

虽然我国的相关法律规定对于一般的医疗损害，应实行过错责任原则，但现实的医疗损害案例的处理结果却违背了该原则，造成了处理结果实际遵循了介于过错责任原则和无过错责任原则之间的一种归责原则，或称为类严格责任原则。文献研究表明，法院在处理医疗纠纷时，有采用无过错责任原则的倾向。例如，以下是时某过敏死亡案。某日早

上6点，患者时某到某卫生院求医，诊断为普通感冒。因为是急诊时间，医师给予时某阿米卡星点滴治疗。在静脉输入阿米卡星时，患者出现过敏性休克，抢救无效死亡。尸体解剖表明，患者是特异体质，为药物过敏死亡。患者家属提起诉讼，诉讼中，经医疗事故鉴定委员会鉴定此事件不属于医疗事故，医方在治疗和抢救过程中不存在过错。一审法院审理后认为，虽然被告在对患者诊疗抢救过程中没有过错，但患者的死亡与卫生院的诊疗行为之间具有一定的因果关系，医方应该承担责任，判决赔偿原告21万元。卫生院不服，提起上诉，二审法院予以驳回，维持原判。

四、结论

根据《民法典》中"医疗损害责任"的相关规定，我国一般的医疗损害应实行过错责任原则。即使根据最高人民法院2002年颁布的《关于民事诉讼证据的若干规定》，医疗损害应施行过错推定原则，过错推定原则属于过错责任原则的一种特殊形式。然而，由于我国绝大部分医疗纠纷的解决是通过医患双方协商的途径解决的——由于许多患方采用了"医闹"的方式，医院为了不影响正常的诊疗工作，抱着"花钱买平安"的心态，即使医院没有过错，也赔偿患者一定数额的费用。也就是说，医疗纠纷的处理实际上执行了类无过错责任原则。另外，单项医疗纠纷的赔偿数额越来越高，赔偿数额超过完全赔偿标准的赔偿案例逐渐增多。

第五章　法经济学视角下医疗损害责任对防御性医疗的影响

第一节　概　述

一、防御性医疗的类型

按照主要表现形式，本研究将 DM 行为分为两种主要类型：一类是"积极型防御性医疗"，即医疗损害过度预防，主要表现为医师为患者过度提供某些不必要的检查、化验和治疗项目等，属于过度医疗行为的一种形式。另一类是"消极型防御性医疗"，即医疗服务量提供不足，主要表现为医师拒绝收治高危患者或采取保守治疗、不恰当的会诊或转院等。

二、防御性医疗形成机制的研究思路

（一）积极型防御性医疗的形成机制研究

首先，建立医疗损害成本函数经济模型，界定医疗损害过度预防的

标准；其次，建立基本研究假设，并分析医师采取的医疗损害预防水平；再次，逐步放松各种研究假设后，分析医师采取的医疗损害预防水平有何变化；最后，推导出医疗损害过度预防的形成机制。

（二）消极型防御性医疗的形成机制研究

运用医疗服务水平选择模型，推导出在过错责任原则下医师的最优服务量，并将其作为判断医师是否存在诊疗服务量不足的判断标准。若规定医师提供诊疗服务的数量小于该服务量，则认为医疗服务量不足，即医师存在防御性医疗。在此基础上，分析影响医疗服务量不足产生的原因、关键因素及作用机制。

本章第二节、第三节、第四节和第五节是积极型防御性医疗研究，第六节是消极型防御性医疗研究。防御性医疗形成机制的分析框架见图5-1。

第二节　积极型防御性医疗形成机制的分析工具与思路

一、医疗损害成本函数经济模型

在法经济学相关理论的指导下，首先构建了如下医疗损害成本函数经济模型，它是用来分析医师 DM 行为的主要工具。医疗损害的社会总成本包括医疗损害造成的成本和预防医疗损害的成本两部分。

1. 医疗损害造成的成本

假如医疗损害发生的概率用 P 表示，医疗损害的预防水平用 X 表

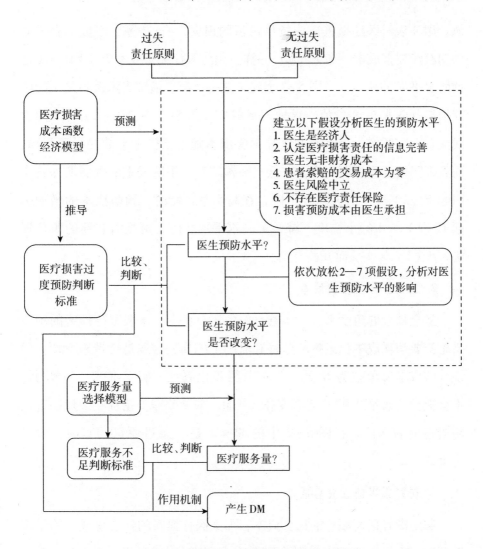

图 5-1　防御性医疗形成机制的分析框架

示，随着预防水平 X 的提高，P 值会下降，因此，$P = P(X)$，即 X 的减函数。如果医疗损害事实发生，将会对患者的身体权、健康权、生命权、财产权、隐私权、名誉权、知情同意权等造成损害，即产生了负外部性。为了将医疗损害造成的负外部性内部化，医院或医师应赔偿患者与医疗损害等额的赔偿金。因此，对患者的医疗损害可以转化成货币价值。用 A 表示医疗损害造成货币价值的损失，$A*P$ 等于用货币表示的预期医疗损害成本。和 P（X）一样，预防医疗损害成本 P（X）$*A$ 是预防水平 X 的减函数。图 5-2 表述了这一情况，横轴表示医师采用的医疗损害预防水平 X 的值，纵轴表示成本。图 5-2 中，P（X）$*A$ 的曲线向右下方倾斜，表示预期医疗损害成本随着预防水平的提高而下降，而且下降的速度逐渐变慢。在低水平预防时，预防成本的微弱增加就会引起 P（X）$*A$ 的大幅度下降；在高水平预防时，预防成本的增加引起 P（X）$*A$ 的小幅度下降；更高水平预防时，可能引起新的医疗损害，P（X）$*A$ 反而开始升高。

2. 预防医疗损害的成本

从全社会的角度来看，不管是医师还是患者，采取医疗损害的预防措施都要消耗成本，意味着金钱和时间上的损失，或是会带来不便。假设预防成本每单位为 W 元，为了分析简化起见，假定 W 是一个常数，不会随预防水平 X 的变化而变化。因此，$W*X$ 等于花费在医疗损害预防措施上的费用。在图 5-2 中的 $W*X$ 是一条过原点的直线，斜率为 W。

3. 医疗损害的社会总成本

假定没有任何额外的社会成本，那么医疗损害的社会总成本等于用于预防医疗损害的成本与医疗损害造成的成本之和，用 SC 表示：$SC=W*X+P$（X）$*A$。医疗损害的社会总成本曲线在图 5-2 中可由 $W*X$ 线和 P（X）$*A$ 曲线在每一个预防水平上垂直相加而得到，其结果是一个"U"形曲线，用 $SC=W*X+P$（X）$*A$ 标示。

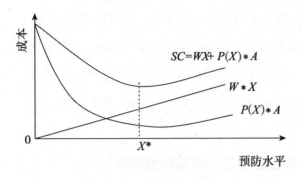

图 5-2　医疗损害成本函数

二、防御性医疗的界定标准

根据法经济学的相关理论，从追求效率的角度来看，相关制度安排应使医疗损害的社会总成本达到最小化。由于医疗损害的社会总成本曲线是"U"形的，在"U"形的底部必然有一个 X 值存在。这个值在图 5-2 中标为 X^*，即最小化医疗损害的社会总成本对应的预防水平。从全社会的角度来看，X^* 是最优的医疗损害预防水平。从理论上讲，在诊疗过程中采取更多一点预防带来的边际成本等于每单位 W 的价格。更多一点预防会减少医疗损害的成本，即带来的边际收益，其值的大小等于医疗损害的概率［用 $-P'(X)$ 表示］乘以医疗损害 A 的成本。因此，有效预防水平 X^* 所对应的预防水平，即 W（边际社会成本）$= -P'(X)A$（边际社会效益）时所对应的预防水平。如果预防水平低于有效水平，那么预防的边际社会成本就小于边际社会效益。当预防的边际社会成本小于边际社会效益时，效率标准会要求更高的预防水平。在这种情况下，更高的预防水平是成本有效的。同样，如果医疗损害的预防水平超过了最优量，那么预防的边际社会成本就超过了边际社会收益。在这种情况下，效率标准要求采取稍低一点的预防水平。

据此，从全社会的角度确立了医师的 DM 行为的判断标准：将最优的医疗损害预防水平作为区分是不是 DM 行为的临界点，如果医师实际的医疗损害预防水平高于最优预防水平，即出现防御性医疗行为。

三、防御性医疗形成机制的分析思路

首先，建立医疗损害成本函数经济模型，从社会的角度分析和确立最优的预防水平，即边际社会预防成本等于边际社会损害成本的均衡点所对应的预防水平，并提出如果医师实际的预防水平高于最优预防水平，即出现过度预防，也就是防御性医疗行为的一种类型。

其次，分析医疗损害归责原则对医师预防行为的激励效应：面对医疗损害，做出选择的依据是效用最大化，决策的过程是成本收益分析（又称风险效用分析）。在分析医疗损害归责原则对医师预防行为的影响时，在最初阶段，先做出了几个隐含的假设：①医师是经济人；②认定医疗损害责任的信息完善；③医师无非财务成本；④患者索赔的交易成本为零；⑤医师风险中立；⑥不存在医疗责任保险；⑦损害预防成本由医师承担。预测和分析在这些假设成立的前提下，面对潜在的医疗损害，医务人员将会采取的医疗损害预防水平。

再次，逐步放松各种假设（理性假设除外），以便使医疗损害成本函数经济模型更为接近现实世界。通过放松这些假设，分析对以前得到的结论有无影响。

最后，根据以上分析，推导出医师过度预防行为产生的原因、主要影响因素和作用机制。

第三节　理想状态下医疗损害责任分配的激励效应

一、基本研究假设

为了便于简化分析，在分析各种医疗损害归责原则的激励效应前，先对分析模型限定了几个较为严格的假设。

1. 医师是理性自利的

在传统的经济理论中，决策者是理性自利的，这是一个核心的假设。本研究假设医师是经济人，意味着医师是理性自利的，具有较强的认知和推理能力。具体而言，是指医师能够较为准确地计算各项预防医疗损害措施的成本和收益，而且能够从中选择提供效用最大化的选项。并且，医师会根据备选效用的变化来理性调整自己的行为，即备选效用的变化会给理性的医师带来改变行为的激励。

2. 认定医师医疗损害责任时的信息是完备的

侵权行为归责原则是侵权行为法理论的核心，是司法审判人员处理侵权纠纷的基本准则。根据我国的《民法典》"医疗损害责任"，医疗损害适用于过错责任原则。过错责任原则有三个构成要件：①医疗机构及其医务人员存在医疗过失；②患者有一定的损害后果；③医疗机构及其医务人员的医疗过错与患者损害后果之间存在因果关系。只有同时具备上述全部要件，医疗机构才承担医疗损害责任。假设医师被认定承担医疗损害责任，医师必须为医疗损害赔付价值等于医疗损害成本的数额。认定医师医疗损害责任时的信息是完备的，意味着确定医疗损害责任的构成要件及医师医疗损害成本时不存在系统误差。

3. 医师不承担医疗损害责任导致的非财务成本

医师被认定承担医疗损害责任时，仅需为医疗损害赔付价值等于医疗损害成本数额的财务成本，无须承担其他非财务成本。

4. 司法诉讼程序的交易成本为零

司法诉讼程序的交易成本为零，即医患双方通过司法诉讼达成医疗损害赔偿协议无交易成本，意味着医患双方均不需为此交易承担额外成本。

5. 医师对待医疗损害风险的态度是风险中立的

在经济学中，根据对待风险的态度，可以把决策者分为风险规避型、风险中立型和风险偏好型。风险中立型的决策者既不回避风险，也不主动追求风险。

6. 假设医院或医师未购买医疗损害责任保险

医疗损害责任保险是对医疗机构依法应负的经济赔偿责任，依合同约定进行赔付的保险险种。本书假设医院或医师未购买医疗损害责任保险。

7. 采取医疗损害预防措施的全部成本由医师本人承担

医师采取医疗损害的预防措施需要消耗成本，包括财务成本和时间的机会成本，而且这些成本全部由采取预防措施的医师本人来承担，不能转嫁给患者或第三方。

二、医师采取医疗损害预防行为的决策过程及依据

假设医师是经济人，医师在做出选择时的依据是追求个人效用最大化，决策的过程是成本收益分析，医师会选择边际个人效用等于边际个人成本时对应的医疗损害预防水平。比如，面对一个发热患者，医师需要选择是否为患者做肥大氏反应化验。如果做，则需要支付化验成本；如果不做，则可能面临因误诊而承担医疗损害责任的风险。面对这种不确定情况，医师将会按照以下方法估算自己的预期效用：用这一行动所可能导致结果的概率乘以这一结果的效用，然后把所有可能结果的价值相加。医师会选择预期效用最高的行动。

三、医疗损害责任分配的激励效应

从全社会的角度，得出最佳的预防水平之后，现在来考虑一下如何达到该最佳预防水平的激励机制。为了达到有效率的激励，政策或法律应该调整决策人（医师）的私人收益和成本，从而使之与社会收益和成本相一致。一般而言，当决策人将其行为的边际收益和边际成本内部化时，激励机制即符合效率标准。对决策人预防水平的激励取决于谁来采取措施防范医疗损害的发生，以及法律如何分配医疗损害造成的成本。下面将在以上假设都成立的条件下，预测和分析在不同的医疗损害归责的原则下医师的行为（曹志辉，2014）。

（一）无过错责任原则下对预防的激励作用

在现实生活中，为了预防在诊疗过程中造成的医疗损害，通常有两

种情况：第一，只有医师能采取预防措施而患者无法采取有效预防措施，来减少医疗损害，即单边预防；第二，患者和医师能共同采取有效预防措施来减少医疗损害，即双边预防。本部分内容分别从单边预防和双边预防两种情况下，来分析医师的行为。

1. 单边预防时的激励作用

在现实生活中，有许多情况，只有医师可以采取预防措施来预防医疗损害，而患者无法采取任何措施，如医师给患者进行外科手术等。这样，只要患者在接受诊疗服务的过程中发生了医疗损害事实，医师就必须为医疗损害赔付价值等于医疗损害成本的数额，即图 5-2 中的 $D=A$。医师的预期医疗损害责任等于医疗损害事实发生的概率乘以由医疗损害给患者所造成的伤害（用货币来表示）：$P(X_i)A$。医师在完全赔偿的严格责任原则下预期的总成本等于 $W_iX_i+P(X_i)A$。医师有激励去最小化其所承担的成本。因此，医师会选择 X_i 来使得 $W_iX_i+P(X_i)A$ 最小化。该式取得最小值时的预防水平，标记为 X_i^*，此时医师采取预防措施的边际成本等于医疗损害的预期成本的减少量。由此可以表明，完全赔偿条件下的无过错责任原则会使医师采取预防措施的边际成本和收益内部化，给了医师采取最佳预防水平的激励。

2. 双边预防时的激励作用

在一般情况下，医师和患者共同配合才能获得较理想的诊疗效果。医师和患者双方都可以采取预防措施来预防医疗损害的发生，比如临床医师按诊疗常规为患者进行药物或其他治疗措施，而患者也必须遵从医嘱，配合医师的治疗方案。假定医师和患者都可以采取预防措施来预防医疗损害，即双边预防时无过错责任原则对预防的激励作用。

在医师和患者都可采取预防措施的情况下，效率标准要求医师和患

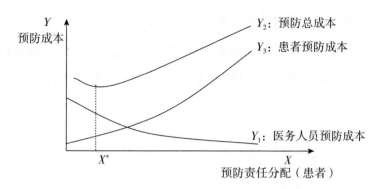

图 5-3　预防责任的分配与预防成本之间的关系

者都采取预防措施。主要理由如下：假定医师和患者都可采取有效率的预防措施来避免医疗损害，并且双方采取有效率的预防措施所需要花费的成本可能不同。为了最有效率地避免医疗损害，可以有多种途径，比如医师或患者承担预防责任，或是由双方共同分担预防责任。当预防责任分配向一方倾斜时，他所承担的预防成本也应当增多，反之，亦然。假设以患者作为对象来分析分配预防责任与避免医疗损害成本之间的关系，图 5-3 中横坐标表示分配给患者的预防责任的量，越向右表示要求患者承担的预防责任越多，而相应的要求医疗机构承担的预防责任越少，纵坐标表示成本。在图 5-3 中，Y_1 表示在一定的预防责任与患者预防成本之间的关系，患者承担的预防责任越大，患者花费的预防成本也越高。Y_2 表示一定的预防责任与医务人员预防成本之间的关系，患者承担的预防责任越大，患者花费的预防成本也越低。Y_3 是 Y_1 和 Y_2 进行垂直加总的结果，它表示预防责任分配与预防总成本之间的关系。从图 5-3 可以看出，当预防总成本最低时，预防责任在医师和患者之间进行合理分配，即当 $X=X^*$ 时。在临床上，医师经常遇到病人对病情和病史叙述不清楚的情况，比如神经内科和神经外科收治的脑出血和脑梗死患者以老年人居多，多数患者无法描述自己的病史和病情，某些患者的子女对老年人的情况也不太了解。遇到这种情况，为了明确诊断、避免误诊误治，医师往往展开撒网式的检查和化验，这一现象也正好说明了这个问题。

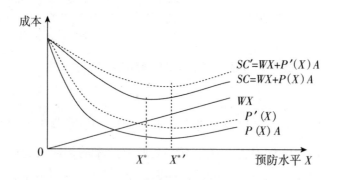

图 5-4 预期医疗损害函数

那么在无过错责任原则下，病人采取预防措施的激励动机如何呢？将患者的预防水平标识为 Xv，患者选择预防水平，用 X 的下角 v 和 w来表示，患者为 Xv 单位的预防水平支付成本为 Wv。患者承担的预防成本为 WvXv，并且仍然承担预期医疗损害成本 P（Xv）A。此外，患者在医疗损害发生时还要受到损害 D。根据假设可知，损害是完全可赔偿的，此时 D＝A。这样，在完全赔偿条件下，患者在无过失责任原则下预期须承担的总净成本等于预防成本：WvXv+P（Xv）A－P（Xv）D。患者有动力去最小化其承担的成本。最终，患者会选择 Xv 去最小化WvXv 的值。因为 Xv 不能低于 0，故而当预防为 0，即 Xv＝0 时，该式有最小值。由此，可以推断，在完全赔偿条件下的无过失责任原则下不会给患者以任何激励去采取预防措施。该结论还有另外一种解释，在完全赔偿条件的无过失责任原则下，患者并不关心是否发生医疗损害时获取赔偿还是没有医疗损害发生。患者若支付其预防成本来降低医疗损害发生的概率，他本身不会得到好处。换句话说，患者将预防的成本内部化了，同时将收益外部化了。因此，患者没有采取预防措施的激励。

图 5-2 描述了预防水平对社会成本的影响，但并没有论述是谁的预防水平，可以是医师或医师和患者双方共同采取的预防措施水平。以上分析表明，在医师和患者都能采取预防措施的情况下，如果实施无过错责任原则，患者将无动力采取任何预防措施，这将造成医疗损害预期成本曲线 $P(X)A$ 向上方移动，变成了图 5-4 中的 $P'(X)A$。相应的医疗损害预期总成本 $SC = WX + P(X)A$ 也向右上方移动，则最小化的医疗损害总成本对应的预防水平也由原来的 X^* 向右移动到了 $X^{*'}$ 点，即发生了过度预防行为，也就是防御性医疗行为。

不过需要说明的是，得出严格责任原则下无法激励患者采取任何预防措施的结论，实际上暗含了两个最基本的假设。第一个假设是患者的医疗损害可以获得完全赔偿，第二个假设是患者获得医疗损害赔偿需要支付的行政成本为零。那么，在现实条件下，这两个假设是否成立呢？

（1）医疗损害可以获得完全赔偿

医疗损害可以获得完全赔偿是建立在消费者无差异效用的基础上，即当患者对于受到伤害并得到赔偿金，和未受到伤害得不到赔偿金没有区别时，可以认为赔偿是完美的。这样一来，当潜在患者并不关心是否发生可以获得损害赔偿金的医疗损害时，补偿性赔偿金就可以说是完全赔偿的，但这主要适用于那种损失了在市场上可以找到替代品的物品所造成的伤害。当替代品可以求得时，该替代品的市场价格可以衡量原物品的价值。但是，就大多数医疗损害而言，却没有一个可供参考的市场替代品。比如，医疗损害的对象属于生命健康权时，对于大部分人而言，没有谁会愿意开价出售自己的生命或身体中的某个器官组织。因此，对于那些失去生命或器官组织不可逆受损的患者，赔偿无论如何也算不上完美。对于患者而言，此时的损害是不能完全赔偿的，此时 $D>A$。这样，在非完全赔偿条件下，患者在严格责任原则下预期须承担的总净成本等于预防成本：$WvXv+P（Xv）A-P（Xv）D$。由于 $P（Xv）A<P（Xv）D$，故患者在最小化其承担的成本时，Xv 应该大于或等于 0 时，即患者应采取一定的预防措施，该式才得到最小值。总之，当医疗损害只能得到部分赔偿时，患者将有动力采取一定的预防措施。

（2）获取医疗损害赔偿的行政成本为零

按照我国目前的法律法规，当患者遭受医疗损害后，可以通过医患双方协商解决、卫生行政主管部门行政调节和法院诉讼三种主要的途径主张自己的权利。但无论采取哪种途径，患者均需要发生一定的成本，有时这种成本还会很高。例如，花钱请律师，在主张权利的过程中需要花费时间，从经济学的角度看，时间也是有成本的。因此，获取医疗损害赔偿时行政成本为零的假设非常不现实。那么，当行政成本大于零时，受害者会怎么办呢？假如受害者可以获得全额赔偿，但由于行政 M 为正，则对于患者而言，要实现 $WvXv+P（Xv）A-P（Xv）D-M=0$，则患者应当采取一定的预防措施；如果此时受害患者不能获得完全赔偿，那么他将采取一定的预防措施。

3. 结 论

由以上分析可知，在患者没有能力采取预防措施来减少医疗损害事故时，医师将采取有效率的预防水平；当患者有能力采取却没有采取预防措施时，医师的预防水平将超过最优预防水平，即出现了过度预防行为（防御性医疗行为）。不过需要说明的是，在现实生活中，如果能采取预防措施，大部分患者会采取一定的预防措施，当然故意通过"医闹"来获取高额赔偿的情况除外。

（二）过失责任原则下的预防激励

在过错责任原则下，医务人员如果要想规避医疗损害责任，必须满足法定的注意标准，即在诊疗工作中应尽到与当时的医疗水平相应的诊疗义务。假设法院总是执行某一个确定水平的预防标准，根据此假定，用 x' 来表示法定标准，如图 4-2 中那样，将预防水平分为允许和禁止两个区域。现在，将图 4-2 所展示的过错责任原则和图 5-2 所展示的经济分析组合在一起。

在图 4-2 中的法定标准用 x' 来表示，而图中的 X^* 则表示有效率的预防水平。将这两个图形结合在一起，说明 x' 和 X^* 之间的相互关系。最为简单的假定是，法定标准即是有效率的预防水平，即 $x'=X^*$。依据该假设将这两个图形结合起来，用图 5-5 来加以表示。在图 5-5 中的禁止区域（$X<x'$）对应着低于有效率的预防水平部分（$X<X^*$），允许部分对应着超过有效率的预防水平的部分（$X>X^*$），在两个区域之间，虚线部分表示有效的预防水平（$X=X^*$）。

考虑到医师的成本是其预防水平的函数，在允许区域内，他是没有责任的，仅仅承担其预防成本 W_iX_i，而不承担患者所遭受伤害的成本。这样，医师在允许区域的成本可以用图 5-5 中的直线 W_iX_i 表示。在禁止区域，医师是有责任的，其所担负的成本既包括其预防成本 W_iX_i，还应包括预期医疗损害成本 P（X_i）A。这样，在禁止区域内，医师的预期成本即由图 5-5 中的曲线 W_iX_i+P（X_i）A 表示。因此，在图 5-5 中，根据过错责任原则，医师的成本在禁止区域内为一条平滑的曲线，在 $X=x'$ 处间断，然后变成了一条直线。在这条成本线的最低点上，医师的预防水平等于法定的标准，即 $X = x'$。医师为了最小化其成本，不论是在单边预防还是在双边预防的情况下，医师都会将预防水平控制在这一水平上。可以由此得出结论：完全赔偿条件下的过错责任原则在法律标准可视同为有效率的预防水平时，为医师提供了有效率的预防激励。

为了说明过错责任原则的激励作用，下面分析医师是如何确定其最优预防水平的。假定医师将其预防水平定在图 5-5 中的 X_0 处，他将担负预防成本 WX_0，以及他的预期须为医疗损害责任支付成本 $P(X_0)A$。医师每增加一个单位的预防水平，其所增加的成本低于由于降低了医疗损害发生概率而相应减少的预期责任成本。因此，理性的医师会采取更多的预防措施，从而提高预防水平到 X^*，此时责任将为 0，医师也不再有提高其预防水平的动机了。如果医师的预防水平已经超过了 X^*，则他将仅仅为其自身的预防措施支付成本 W_i，但是他的责任保持零不变，因此他将不会采取超过 X^* 的额外预防措施。

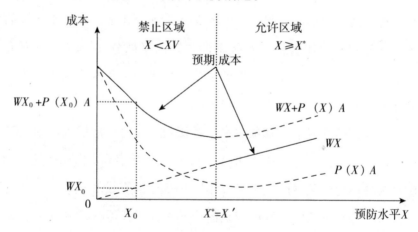

图 5-5   过错责任原则下的激励作用

前文已经述及，在双边预防的情况下，医疗损害责任原则应对医师和患者都提供有效率的预防激励。前文已经解释了过错责任原则是如何为医师提供有效率的预防激励的。现在，解释过错责任原则如何能够为患者提供有效率的预防激励。理性的医师为了规避医疗损害责任，会采取符合法定标准的预防水平（$X \geq x'$）。当医师没有责任时，患者将得不到任何赔偿。因此，会使得患者内部化其边际预防成本和收益，这会带来有效率的预防激励。一般而言，使得医师采取预防措施满足法定标准以规避责任的过错责任原则，也能够为患者提供有效率的预防激励。

第四节　放松假设条件对防御性医疗的影响及作用机制

一、确定医疗损害责任时信息不完善

上文假设在确定医疗损害责任时的信息是完善的，即医疗损害责任的确定不会出现误差。然而，在现实生活中，这个假设是很难成立的。在第三章中已经述及，过错责任原则的构成要件包括医疗损害的事实、医务人员的过错行为、过错行为与医疗损害之间的因果关系；而无过错责任原则的构成要件包括医疗损害的事实、医务人员的医疗行为与医疗损害之间的因果关系。由于在确定医疗损害责任时的信息往往是不完善的，因此在确定医疗损害责任的各个构成要件时，经常会出现一些误差，这些误差无法避免。根据误差的性质，可以将这些误差分成两种类型，一种是随机误差，即不确定性；另一种是系统误差，即错误。因此，下文将放松认定医疗损害责任时的信息是完善的这个假设，分析当出现这两种类型的误差时，将对医师的预防行为产生什么样的影响。

（一）不确定性对医师预防行为的影响

不确定性，即完全随机，意思是说过于严厉和过于宽泛是一样多的，因此发生失误的均值为零。从技术上来说，假定错误遵循零均值的随机分布。

1. 在确定医疗损害赔偿金时的不确定性对医师预防行为的影响

在现实中，法院计算的赔偿金或患者预测的赔偿金数额经常会发生误差，而且假定这种误差是完全随机的。从理论上来说，这种赔偿金上的完全随机误差并不会改变医师的预期责任。得出该结论的主要理论如下：预期责任保持不变，主要是因为超额的误差部分和不足的误差部分相互抵消了。因为预期责任保持不变，对于赔偿金具有完全随机误差来说，医师要求最小化其预期成本并不会改变其原来的预防水平。因此，在一般情况下，无论在哪一种责任原则之下，最小化预期成本的医师都不会根据在计算或预测赔偿金数额上产生的随机错误而改变其预防水平。

2. 在确定医疗行为与医疗损害后果之间因果关系时的不确定性对医师预防行为的影响

出于与赔偿金的不确定性相似的原因，无论在哪一种责任原则之下，最小化预期成本的医师都不会根据法院在认定医师行为与医疗损害结果的因果关系上产生的随机误差而改变其预防水平。

3. 确定医务人员的行为过错时的不确定性对医师预防行为的影响

前文已经述及，医务人员的行为是否存在过错是过错责任原则的三大构成要件之一，而且在构成要件上存在不确定性也是无法避免的。在过错责任原则下，确定医务人员的行为过错时的不确定性，会对医师的预防产生什么样的影响呢？本部分内容首先分析导致确定医务人员行为过错时的不确定因素有哪些，然后再分析其对医师的预防行为会产生什么样的影响。

（1）导致确定医务人员行为过错时的不确定性因素

在现实生活中，导致确定医务人员行为过错时的不确定性因素主要包括以下方面：①法院在设定法律注意标准 x' 上可能会出现随机误差。②法院在比较医师的预防水平和法律注意标准 x' 时会产生随机误差，比如也许法院会认为医师预防不足，尽管医师认为其已经采取了必要的预防措施，已经履行了相应的义务；也可能法院会认为医师是无过错的，尽管事实上其已经违反了法定的注意标准。③医师在预测法定注意标准 x' 时也会产生随机误差，可能会过高或过低预测法定注意标准。④医师有可能无法控制医疗损害发生时的注意水平，这种情形主要体现在以下方面：

医务人员在实际诊疗工作过程中，始终以某一给定的预防水平作为目标，但是由于非主观过错的存在，他不能保证每时每刻都能达到给定的预防水平目标。医师在某一特定的瞬间可能完全无法控制住他的注意水平，他不可能在每次出诊或手术过程中对每一个病人都施加他所希望施加的注意。但是，过错责任原则通过比较医师当时真实的预防水平，而不是医师作为目标的水平来判定责任。因此，法院所要确定的是医师在给某个特定的病人治疗时的注意水平，对于医务人员无法控制当时的注意水平失误而造成的医疗损害而言，在过错责任原则之下，医务人员必须承担责任。比如，某位医师在大多数病人身上主观上没有过错，而在极个别病人身上偶然发生了非主观过错，由于其运气非常不佳，结果偏偏造成了医疗损害。图5-6表示了这种情况。横轴表示医师采取的预防水平，纵轴代表医师采取某一特定预防水平的概率。通过把医师的失误模型化，以之作为主观的和实际的预防之间概率上的联系。图 5-6 中的医师主观上想达到 X^* 水平的预防，这超过了法定的预防水平 x'。当实际的预防水平低于法定的预防水平时，医师造成的医疗损害正好就发生了。导致失误的概率，即图中阴影部分在概率密度函数以下、法定水平以左。

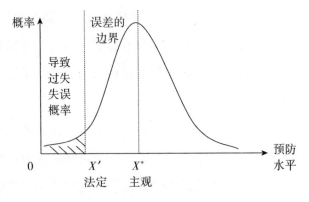

图 5-6 主观和实际预防之间的概率

除了以上医师的非主观过错之外，医师无法控制当时的注意水平还包括以下两种情形：第一，按照我国的《医院工作制度》和《医院工作条例》，在公立医院中的住院诊疗病人实行三级医师负责制（由于基层医院人员较少，实行二级医师负责制）。也就是说，为病人提供诊疗服务的是一个医疗小组，小组内部有一级、二级和三级医师。三级医师之间各有各的职责，自上而下是逐级指导的关系，自下而上是逐级服从的关系。这种三级医师负责制既能保证医疗质量，又有利于人才的培养。根据该制度的规定，上级医师须对下级医师的诊疗行为负责，也包括对他下属的过错行为负责。然而，在现实生活中，下级医师参与患者的诊疗，但上级医师也不可能完全控制下级医师的行为。第二，在实际的诊疗工作中，可能会出现某些医疗仪器和设备偶尔不能正常工作的情况。

这是医师人为无法控制的，但它会直接影响到是否导致医疗损害事故的发生。以上两种情形的存在会导致医师不能控制医疗损害发生时的注意水平。

以上各种导致确定医务人员行为过错时的不确定性因素的存在，将会对医师的预防行为产生什么样的影响呢？下文将利用医疗损害成本函数经济模型来回答这个问题。

（2）确定医务人员行为过错时的不确定性对医师行为的影响

由于以上各种随机误差情形的存在，医师不能确定其所采取的具体预防水平是不是会导致法院判定他对医疗损害承担责任。如果法院认为他的预防水平超过法定标准，即他采取了不必要的预防措施，这只会使他增加较小的成本支出，损失相对较小。然而，如果法院认为他的预防水平低于法定标准，那么他不仅要承担预防医疗损害的成本，还要承担医疗损害的赔偿责任，这大大增加了他的成本支出，也就是说他的损失会大很多。因此，一般而言，在过错责任原则下，确定行为过错时的随机误差会引导理性的医师提高预防水平，具体的机理如下。

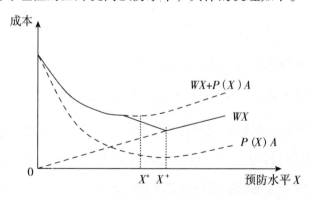

图 5-7　确定行为过错时的随机误差产生的激励作用

本书用图 5-7 解释一下确定行为过错时的随机误差，对医师预防决策产生的影响。假定医师被判无责任的概率随着他们预防水平的提高而提高,这种确定行为过错时的随机误差的影响作用,将在前文展开的法定预防标准上预期责任的间断平滑连接起来。平滑连接之所以能够实现,是因为医师的预期成本是须承担责任时的成本和不须承担责任时的成本的加权平均值,该权数是由他们被判须承担责任的概率给出的。图5-7中所示的这一效应是由连接预期医疗损害成本曲线和医疗损害预防成本线的倾斜的曲线所表示出来的。关于法院对医师预防水平与法定标准的权衡比较上的随机误差,驱使医师们采取超过法定标准所规定的预防措施,他们实际上为自己建立了一个确信可规避责任的误差边界。这种行为在图5-7中表示如下:在高于法定标准 X^* 的预防水平 X^+ 上,平滑曲线上的医师成本达到最小化。因此,法定标准随机误差导致医师采取超过刚好能使得他规避责任的预防水平,即确定行为过错时的随机误差将会造成医师的过度预防行为。

(二) 系统误差对医师预防行为的影响

在认定医疗损害责任的过程中,出现系统误差或错误也是情理之中的,下文将解释这些系统误差是如何影响医师的预防行为的。

1. 无过错责任原则下系统误差对医师预防行为的影响

无过错责任原则的构成要件有两个,一个是患者遭受了医疗损害,另一个是医师的行为与医疗损害之间有因果关系。在第三章中已经提到,目前我国最主要的医疗纠纷解决途径是医患双方协商解决。而医院与患者在协商解决医疗损害的责任和经济赔偿时,基本上遵循了类无过错责任原则,并且他们经常会在无过错责任原则的这两个构成要件上发生系统性错误。

（1）评估医疗损害时所犯的错误

医患双方在评估患者的医疗损害程度时不可避免地会犯错误，这种错误直接影响到医师的医疗损害赔偿金的数额，并间接影响到医师对医疗损害预防水平的选择。前文已经述及，如果对医疗损害采取完全赔偿的话，即赔偿额度与患者的医疗损害程度完全相等，在无过错责任原则下医师采取的预防水平是符合效率标准的。但是，如果对患者实际的赔偿金额总是低于完全赔偿额度，那么医师就会将部分的损害成本外部化，即给了医师采取非效率预防水平的激励。反之，如果实际的赔偿金额总是超过完全赔偿额度，那么医师就有动力过度预防。

图 5-8 可以较好地说明这个问题。由于医疗损害 A 被高估，医疗损害赔偿金 D 不再等于医疗损害 A，即造成了 $D>A$。由于医疗损害预防水平与医疗损害发生概率 P 之间的函数关系并不发生变化。因此，医疗损害预期成本将由图 5-8 中的 $P(X)D$ 来代替。从该曲线的位置和形状可知，医疗损害预期成本曲线发生了上移，而且该曲线比原来的 $P(X)A$ 更加陡峭。正是这个原因，医师的医疗损害预期总成本曲线 $SC'=WX+P(X)D$ 将向上移动，并且比原来的曲线更加陡峭。这也意味着，该曲线的最低点将会相应地向右移动，该点对应的预防水平也向右移动，并形成了新的均衡点。新均衡点所对应的预防水平要高于从全社会角度确立的最优预防水平，即出现了过度预防行为。同样的道理，如果系统低估损害赔偿金的数量，医师将会出现预防不足的行为。

（2）认定因果关系时所犯的错误

医患双方在认定医务人员的行为与医疗损害之间的因果关系时，也经常出现失误。假设未让造成医疗损害的医师承担赔偿责任，这类失误降低了医师的预期责任，就等同于让他少承担了损害的成本。降低承担责任所造成的影响，与降低损害所需要赔偿额度的效果是一样的：医师

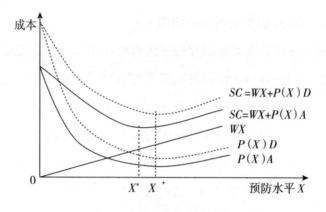

成本

$SC = WX + P(X)D$

$SC = WX + P(X)A$

WX

$P(X)D$

$P(X)A$

0　　　　　　　　X^*　X^+　　　预防水平 X

图5-8　预期医疗损害函数

会采取更少的预防措施；反之，错误地判定医务人员对并非由其所导致的意外事故负责，会导致医师采取更多的预防措施。

前文已经谈到，案例医院法制办负责人在对该院全年的医疗纠纷进行认真的评估后发现，有10%—20%的已经赔偿的医疗纠纷，医院不应承担赔偿责任。另外，在医院应该承担责任的案件中，大部分进行经济赔偿的医疗纠纷实际向患者及家属支付的赔偿金，可能要高过法院判决的医院赔偿数额。临床医师的调查问卷结果显示，194人（占52%）认为该院医疗纠纷的处理结果在偏袒患者，110人（占29%）认为处理比较公平，71人（占19%）表示无法确定对医患哪方有利，没有人认为医疗纠纷的处理结果对医师有利。对医疗纠纷处理结果认知不同的各组医师的防御性医疗得分的测算结果表明，比较公平组的 DM 平均得分14分，不确定组的 DM 平均得分13分，认为偏袒患者组的 DM 平均得分16分，方差分析结果表明 $F = 10.51$，P 值小于 0.001，详见表5-1。由此可见，认为医疗纠纷处理结果偏袒患者的医师防御性医疗行为的程度要高于其他医师。该调查结果也印证了在无过错责任原则或类无过错责任原则下，自己承担的医疗损害责任高于实际损害水平的医师将实施过多的预防水平，即防御性医疗行为。

表 5-1　临床医师对医疗纠纷处理结果的认知及对防御性医疗行为的影响

对医疗纠纷处理结果的认知	例数（例）	DM 平均分	DM 标准差
比较公平	110	14	5
偏袒患者	194	16	5
不确定	71	13	6
合计	375	15	5

2. 过错责任原则下系统误差对医师行为的影响

在过错责任原则下，医师的预期成本在法定标准 x' 上发生跳跃，就像图 5-3 描述的那样。在该间断的左侧，医师的预期成本为 $[WX+P(X)A]$；在此间断的右侧，医师的预期成本是 WX。当预防水平与法定标准相等（$X=x'$）时，医师的预期成本实现了最小化，且可以避开责任。

（1）确定医疗损害时所犯的错误

一般而言，评估医疗损害时所犯的错误主要包括两方面，一方面是法院在评判医疗损害及医疗损害赔偿金时会犯错误；另一方面是指医师在医疗损害发生之前错误地估算医疗损害的赔偿金。

通常情况下，医师的预防水平并不对法院在过错责任原则下设定赔偿金所犯的限度以内的失误做出反应，可以利用图 5-9 阐明这一情况。该图中，曲线 A 到 D 表示不同的事故预期成本水平。在法院确定了完全赔偿的赔偿金时，假定医师的预期责任成本在图 5-9 中由曲线 B 给出。高于 B，法院判定了过高的赔偿金，这就会导致像 A 这样较高的预期成本曲线；低于 B，法院判定了过低的赔偿金，预期成本曲线会降低到 C。

且不论法院的这些失误，在医师满足了法定标准之时，医师的预期成本会向下跳到 W_iX，因此医师仍然可以通过使他的预防水平等于法定标准（$X=x'$）而实现其预期成本的最小化。要想改变医师成本最小化的预防水平，法院在判定赔偿金时所犯的错误必须非常大，就如图 5-9 中的曲线 D 那样。在此情况下，成本最小化的预防水平会低于法定标准。

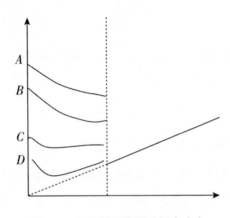

图 5-9　不同的预期医疗损害成本

图 5-9 不仅可以用来解释法院所犯的错误对预防水平的影响，而且还可以用它来分析医师所犯的错误。假设曲线 A、B、C 和 D 为四个不同医师的预期成本曲线。曲线 B 代表正确预期法院行为的医师的预期成本，曲线 A 代表过高估计法院判定赔偿金的医师的预期成本，而曲线 C 代表过低估计法院判定赔偿金的医师的预期成本。无论是否犯了这些错误，在医师满足法定标准时，医师的预期成本就会跳到 W_iX 上来。所以，每一个医师都可以通过将其预防水平等于法定标准（$X=x'$）来最小化其预期成本。要想改变医师成本最小化的预防水平，则医师在预期赔偿金上，必须犯的错误很大，就像图 5-9 中的曲线 D 那样。一般而言，在过错责任原则下，医师的预防水平并不会随着医师在预测赔偿金上所犯的限度以内的错误而发生变化。

（2）确定因果关系时所犯的错误

由于同时具备包括医师存在过错行为等三个构成要件时，医师才会承担医疗损害责任。因此，只要医师采取了有效率的预防水平，他就不会被判定为承担医疗损害责任。所以，尽管法院在判定医师行为与医疗损害之间的因果关系时可能会犯错误，但这种错误在过错责任原则下，医师的预防水平不会随法院所犯的限度以内的错误而发生变化。之所以得出这样的结论，同样可以用以上不同的预期成本曲线得到较好的解释。

（3）确定医疗行为过错时所犯的错误

导致确定医疗行为过错时所犯错误的因素主要有两个：一是医师对法定注意标准的错误感知；二是法院在确定医师行为过错时所犯的错误。这两种错误对医师预防行为的影响是一致的。假如医师错误地感知了法院有可能适用的合理注意水平，那么，医师将施加他们认为构成法定注意水平的注意，除非这一标准过分超过了最佳水平，以至于他们认为按照具有过错的标准行事更有好处。在这种情况下，他们会施加最佳水平的注意。因此，高估法定注意水平的医师或者施加他们认为的法定水平的注意，或者施加最佳水平的注意，而低估法定注意水平的医师则会施加低于法定水平的注意。类似的结论，也可以用于分析法院在确定医师行为时所犯的错误。

（4）举证责任规则与确定医疗损害责任时的系统误差

前文分析可以得知，在过错责任原则下，假如较容易证明医院的诊疗行为是否存在过错，以及过错行为与医疗损害后果之间是否具有因果关系，不论由谁承担举证责任，医务人员都将采取有效率的预防水平。但在现实中，由于医疗行为的特殊性，不管是由医方还是由患方承担举证责任，过错责任原则的这两个构成要件经常遇到举证较为困难的情

125

形。由于举证困难，可能会导致法院对医疗损害责任的误判。由于法院的误判，将会对医师的预防行为产生影响。法院的这种误判与举证责任规则是密切相关的，即由医师还是患者承担举证责任。以下内容分析不同的举证责任规则可能产生的误判及对医师预防行为的影响。

第一，"举证责任倒置"规则对医师预防行为的影响。2001年12月6日最高人民法院颁布的《关于民事诉讼证据的若干规定》规定，因医疗行为引起的侵权诉讼，由医疗机构就医疗行为与损害结果之间不存在因果关系及不存在医疗过错承担举证责任（叶自强，2011）。此即人们俗称的"举证责任倒置"规则，举证责任倒置规则对医务人员的预防行为产生了什么影响呢？

首先，医务人员可能面临无法证明医疗行为与医疗损害之间是否存在因果关系。对医学这一科学领域来说，在诉讼查明真相时所遇到的盲区比其他一般的诉讼所遇到的要大得多。医疗机构无法证明医疗行为与医疗损害不存在因果关系的原因有很多，主要有几种情况：①因果关系的未知性。医学科学是所有科学领域中一门高难的科学，是集所有自然科学与社会科学于一身的科学。医学的局限性与高难复杂性，决定了病例的结果往往是无法用科学来证明的。科学不是万能的，尤其是在医学科学中有许多的未知领域。现代医学科学尚无法揭示生命的起源与本质，还存在着许许多多未解之谜。医务人员对有些疾病的发生原因、机理和损害后果等不十分清楚。②造成损害后果的原因多样性。有的损害后果（手术后的并发症）可能是患者本身或疾病本身的原因，也可能是医疗行为存在过错造成的，否认任何一种因果关系都非常困难。③作为治疗手段的局限性。药物的副作用也并非在临床使用时就研究得一清二楚，药物的临床试验只是验证在有限的范围内有效。随着药物的广泛运用，未被发现的副作用逐渐出现，这也是规定药物不良反应报告制度存在的原因，其他治疗手段也存在这样的情况。④疗效的不确定性。相同的医疗行为因不同的病人体质、环境及条件，产生的效果可能截然不同，这使得医疗行为本身的效果存在高度的不确定性。⑤医疗的"双重效应"。医疗行为虽然有治疗疾病的功能，但是医疗行为本身是一项具有高度危险性的行为，每一项诊疗行为，如注射、检查、投药、手术等除了会给患者带来损害外（如手术造成的疼痛），还可能造成并发症、意外，这与期待的医疗效果相反。基于上述原因，医务人员有时也根本无法说明医疗损害到底是什么原因引起的，也不清楚是不是医疗行为引起的。

其次，医务人员可能无法证明医疗行为不存在过失。主要的情形有：①医疗技术规范的滞后与医学科学的更新之间的矛盾。我们无法视医疗技术操作常规和医学生的教科书为"圣经"，医学科学无时无刻不在更新，医务人员所积累的经验又在指挥着他突破常规，运用新的方法治疗。使用新技术或新的手术方式到底是不是过错？②病历资料作为证据作用的有限性。病历资料是记录患者基本情况、所患疾病的情况及医务人员诊治过程的材料、病历资料由医务人员书写（除同意书有患者签字外），由医疗机构保管（门诊病历一般由患者保管）。一方面，病历资料不能记录医患双方的所有言行，而这些细节将可能成为案件认定的关键；另一方面，医疗机构在用病历证明自己没有医疗过错时，病历资料的证明力问题经常受到患方的质疑（自己书写的客观性受到怀疑），法院可以病历存在涂改认定病历属于伪造而不予采用，而医疗机构往往也只有病历资料可以证明自己的清白（如医务人员的建议、对患者的告知行为）。另外，手术室、治疗室的密闭性也成为医疗机构证明自己无过错的难点，医疗机构称自己没过错，而患者则称医疗机构说自己没过错的证据是无效的（谢青松，2005）。

　　因为以上情形的存在，医务人员有时很难证明自己的诊疗行为未存在过错，而且过错行为与医疗损害没有因果关系。根据举证责任倒置的规定，遇到这种情况，医师将承担医疗损害赔偿的责任。那这对医师的预防行为又将起到什么样的作用呢？本书用图5-10来分析和解释这种影响。

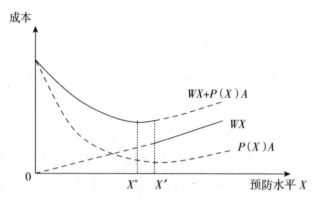

图 5-10　举证责任倒置规则下医师的预防水平

　　当医师实际采取的预防措施已经达到了法定的预防水平时，由于种种原因，其举证不充分，法官仍然可能认定其有责任。此时，医疗机构为了应付判决对自己带来的不利影响，医务人员在行医过程中将会提高预防水平，更加谨慎小心，并促使其预防水平超过法定标准，及至他认为足以让法官认定其没有过错时的 x' 为止。

　　第二，"谁主张谁举证"规则对医师预防行为的影响。2010年7月1日正式实施的《侵权责任法》，确立了过错责任原则为我国医疗损害责任的一般归责原则，在法律没有特殊规定的情况下，均适用过错责任原则。过错责任原则要求原告患方承担主要举证责任，而不再实行举证责任倒置原则。

　　在过错责任原则下，确定医疗损害责任的构成要件是医疗损害事实、医师的过错行为和过错行为与医疗损害事实之间的因果关系。在这三个构成要件中，往往医疗损害事实的证明相对简单，只需进行医疗事故鉴定或伤残司法鉴定就可以，有时甚至还不需要鉴定（如死亡），举证的成本也相对较低。举证成本较高的主要是对于医师行为过错和过错行为与医疗损害事实之间的因果关系的举证。"谁主张谁举证"原则要求原告，即患方对过错和因果关系这两个构成要件承担举证责任，这种举证责任的分配对患者和家属来说成本会很高昂，甚至无法举证。得出这样的结论主要是基于以下几点原因：①患者在治疗时可能处于无意识状态，无从了解发生的情况；②即便是患者了解诊疗过程中发生的所有情况，但由于医学是一门专业性很强的行业，一般患者和家属不具备医学专业知识，因而很难判断医疗机构及其医务人员是否存在过错，更难证明医疗行为与损害后果之间的因果关系，因为有时连医务人员甚至专家都很难判断某些情况的因果关系（此情况在上文中已有论述）。③由于医学知识缺乏，举证责任困难，患者将求助于医疗事故技术鉴定委员会。虽然该委员会不再隶属于各级卫生行政部门，而是划归到各级医学会。但是医学会仍然与卫生行政部门有着千丝万缕的联系，参加医疗事故技术鉴定的医师，一般情况下，不愿得出其同行存在过错的结论，因此患方很难获得构成医疗事故的证据。④医疗机构比患者更接近证据，由于担心被法院认定为存在过错，所以医院或医师可能会持不合作态度，甚至妨碍患者举证。根据"谁主张谁举证"的规定，遇到这种情况，医师将不用承担医疗损害赔偿的责任。那这对医师的预防行为又将产生什么样的影响呢？本书用图5-11来分析和解释这种影响。

在"谁主张谁举证"原则下，患方对于医院和医师侵权行为的两个构成证明存在困难或者无法证明，法院将认定医师不承担医疗损害赔偿责任，这势必使得一些医疗损害行为没有受到法律的追究，医院就会降

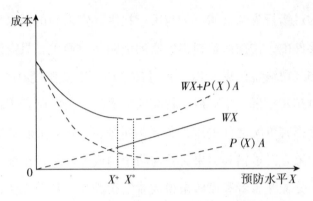

图 5-11 "谁主张谁举证"规则下医师的预防水平

低预防水平至他可能被认定为有责任时的 X^+ 为止。

（5）确定法定标准时所犯的错误

设定法定标准时所犯的错误，其意思是指法律、法规制定者将法定标准设定在异于有效率的预防水平的情况。由于医疗服务的专业性较强，我国在设定医务人员法定标准时主要依据如下：①法律：主要有《执业医师法》《母婴保健法》《人口与计划生育法》《献血法》《职业病防治法》《传染病防治法》和《药品管理法》。②法规：主要有《医疗事故处理条例》《医疗机构管理条例》《护士条例》《麻醉药品管理办法》及《医疗用毒性药品管理办法》等。③规章：指国家卫生健康委及国务院各部委颁布的规范性文件，比如《医疗事故技术鉴定暂行办法》《医疗事故分级标准（试行）》等。④诊疗规范：所谓诊疗规范，是指以维护患者生命健康权、规范医疗行为为目的，在总结医学科学技术成果和以往诊疗护理经验的基础上，在医疗活动中逐渐形成的有关医疗行为的规范或指南。它既包括各级卫生行政部门、各类医学行业组织制定的各种标准、规程、制度、规范、指南、指引等成文文件，也包括尽管不成文，但在治疗活动中约定俗成的、为多数医疗机构及其医务人员通常遵循的诊疗护理管理或者通行的做法。在实践中，医疗机构及其医务人员的违规行为，主要是指违反诊疗规范的行为，由于这些法定标准主要是从医学的角度来设定的，主要考虑了它们的有效性和安全性，可能并未充分考虑其经济性，即效率标准，可能不符合边际社会成本等于边际社会收益的原则。因此，出现法定标准与有效率的预防水平不一致的情形是很正常的。

对于医师而言，考虑的是采取的预防水平要与法定标准保持一致，而最小化自己的医疗损害预期总成本，并不考虑这一标准是不是超过或不足以有效率的预防水平。如果法定标准超过了有效率的预防水平，但未超过一定限度，则会引导医师按照法定标准采取预防措施，即采取过多的预防措施；但当法定预防标准超过一定限度时，将会引导医务人员采取有效率的预防水平。另外，较低的法定标准又会导致防范不足，具体的理由如下：

假设 x'（医师认为足以让法官认定其没有过错时的预防水平）不等于最佳水平 X^*，而且医师事先知道 x' 对应的注意水平。那么，如果 $x' \leq X^*$，医师会施加 x' 水平的注意：因为在 $X < X^*$ 的条件下，$X^* < X + L(X)$，当然，在 $X < x'$ 的条件下，$x' < X + L(X)$；因此，在 $X < x'$ 的条件下，$x' < X + L(X)$。而且，如果 $X^* < x' \leq X^* + L(X^*)$，医师仍然会施加 x' 水平的注意，但是，如果 $x' > X^* + L(X^*)$，他们就会施加 X^* 的注意。能得出这一结论是因为，如果 $x' > X^*$，那么 $\min x + L(x) = X^* + L(X^*)$，详见图 5-12。

二、除医疗损害赔偿金外，医师还承担大量非财务成本

前文的所有分析是建立在这样一个假设基础上的：当发生医疗损害

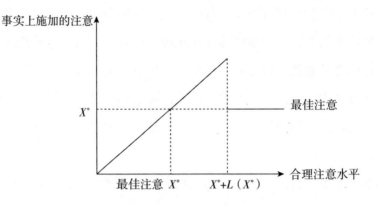

图 5-12　合理注意与最佳注意之间的关系

时，如果认定医师和医院承担医疗损害责任，医院和医师仅需要向患者支付医疗损害赔偿金，而且医疗损害赔偿金等于医疗损害给患者所造成的损失。除此之外，医院和医师没有其他损失，也就是说，医院和医师不需要承担其他非财务成本的支出。然而这种假设是严重偏离现实情况的，在案例医院开展的问卷调查结果表明，医疗纠纷和医疗诉讼给医师和医院造成的损失是多方面的，除了需要向患者直接支付医疗损害赔偿金外，还给医院和医师造成了许多其他方面的非财务损失。

（一）非财务成本

1. 损害医院、医师的形象和社会声誉

问卷调查发现，临床医师都非常关注自己的社会声誉。比如，100%的临床医师都认为发生医疗纠纷对医院、医师的形象和社会声誉会造成较大影响，尤其是短期的影响，而且这种影响有时是致命的。医疗纠纷发生后，不仅会给当事患者及家属造成不良印象，同时这种不良印象也会向周围患者扩散，还有可能进一步通过这些患者在更大范围内

传播。在知情的情况下，几乎没有哪个患者愿意找发生过医疗事故的医师看病，因此该医师的患者数量会减少，当然也就造成了收入降低。

2. 加重了医师工作负担及时间成本

调查显示，100%的医师认为医疗纠纷的处理加重了医师的工作负担，同时也增加了其时间成本。在不少情况下，由于医患双方往往就某起具体的医疗损害的归责和赔偿问题争执不下，患方缠访缠诉，造成整个事件处理过程漫长，工作难度和工作量增大。

3. 给医师造成了较大的精神或心理压力

调查显示，逐年增加的医疗纠纷数量给临床医师造成了很大的精神或心理压力。60.0%的医师表示在目前的医患关系下精神压力非常大，36.8%的医师认为精神压力比较大，仅有3.2%的医师认为精神压力不大或没有压力。尤其是恶性医疗纠纷，给医务人员造成了更大的精神压力。

4. 破坏医疗秩序和环境

调查显示，100%的医师认为医疗纠纷的发生破坏了医院和科室的医疗秩序和环境。发生医疗纠纷，尤其是"死亡"纠纷，患方家属情绪激动，难以控制，该院发生了多起在病房内停尸闹事、辱骂和限制医务人员自由、毁坏医院公物等事件，严重影响了医院和科室的正常诊疗工作秩序。该院法制办负责人表示，在过去的几年中，大约有40%的医疗纠纷发生过严重扰乱医疗秩序和环境的情况。在各种扰乱医疗秩序事件中，干扰医务人员正常工作、缠访缠诉和辱骂医师的现象较为突出，然后是毁损医院和科室的公物、停尸病房等。

（二）非财务成本对医师预防行为的影响

以上非财务成本的损失，将会给医师的预防行为造成什么样的影响呢?

1. 无过错责任原则下对医师行为的影响

在对医疗损害进行完全赔偿的条件下,当医院和医师未存在非财务成本时,医师承担的医疗损害赔偿金 D 等于医疗损害给患者造成的损失 A。除了医疗损害赔偿金外,如果医师还需要承担非财务成本,也就是医师实际承担的损失要高于医疗损害。相当于医疗损害赔偿金被高估,即医疗损害赔偿 D 超过了医疗损害 A。因此,这种情况下医师预防行为的分析也可以用图 5-8 来表示。

由于医院损害预防水平与医疗损害发生概率 P 之间的函数关系并不发生变化,因此,医疗损害预期成本将由图 5-8 中的 P(X)D 来代替。从该曲线的位置和形状可知,医疗损害预期成本曲线发生了上移,而且该曲线比原来的 P(X)A 更加陡峭。正是因为这个,医师的医疗损害预期总成本曲线 $SC'=WX+P$(X)D 将向上移动,并且比原来的曲线更加陡峭。这也意味着,该曲线的最低点将会相应地向右移动,该点对应的预防水平也向右移动,并形成了新的均衡点。新均衡点所对应的预防水平要高于从全社会角度确立的最优预防水平,即出现了过度预防行为。同样的道理,如果系统地低估损害赔偿金的数量,医师将会出现预防不足的行为。

2. 过错责任原则下对医师行为的影响

在过错责任原则下,医务人员如果要想规避医疗损害责任,必须满足法定的注意标准。在图 5-13 中的法定标准用 x' 来表示,x' 将图中的预防水平分为允许和禁止两个区域。禁止区域($X<x'$)对应着低于有效率的预防水平部分,允许部分对应着超过有效率的预防水平部分,在两个区域之间,虚线部分表示有效的预防水平。与医师无非财务成本的损

失相比，医师在承担非财务成本时需多承担一个非财务成本。非财务成本的大小用 B 表示，医师的预期非财务成本的大小与医师的预防水平的函数关系用 P（X）B 来表示。其中 P 表示医疗损害发生的概率，X 表示预防水平的高低，B 表示非财务成本的大小。

在禁止区域，医师是有责任的，其所担负的成本既包括其预防成本 WX，还应包括预期医疗损害成本 P（X）A 和非财务成本 P（X）B。这样，在禁止区域内，医师的预期成本即由图 5-13 中的曲线 $WX+P$（X）$B+P$（X）A 表示。在允许区域内，他是没有责任的，他需要承担其预防成本 W_i X_i，而不承担患者所遭受伤害的成本。然而，由于非财务成本的存在，在允许区域范围内医师还需要承担非财务成本损失，即 P（X）B。这样，医师在允许区域的成本是由两部分成本构成的，即医疗损害的预防成本和非财务损失成本，可以用图 5-13 中的曲线 $WX+P$（X）B 来表示。由于本例中的非财务成本 B 正好高于医疗损害赔偿金 A，所以 P（X）B 曲线比 P（X）A 陡峭。所以，$WX+P$（X）B 的最低点不是在 x' 上，而是出现在 x' 的右侧，即 X^+ 处。因此，追求效用最大化的医师将会出现过度预防行为。不过需要说明的是，如果非财务成本 B 低于医疗损害赔偿金 A，那么 P（X）B 曲线将不如 P（X）A 陡峭。所以，$WX+P$（X）B 的最低点将是 x'，即医师不会出现过度预防行为。

三、医疗损害赔偿的交易成本不为零

以上所有研究结论的一个重要前提是医患双方达成医疗损害赔偿协议的交易成本为零。这里的交易成本是指医师和患者在解决由于发生了损害所导致的医疗损害纠纷的过程中所负担的各种费用，主要包括医师、患者，以及他们聘请的律师在进入纠纷解决和诉讼程序中所花费的

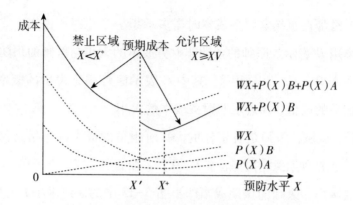

图5-13 过错责任原则下非财务成本对医师行为的影响

时间、经历和相关费用。交易成本的大小与医疗损害纠纷的解决途径有关，医疗诉讼的交易成本最高，双方协商解决的交易成本最低。很显然，交易成本为零的假设与事实不符。为此，本部分放松了医疗损害赔偿交易成本为零的假设，分析交易成本的存在对医师预防行为的影响。本部分的分析思路是，首先分析交易成本对患者的行为产生的影响，对患者行为的影响可以间接影响医师的行为；其次分析交易成本对医师行为的直接影响；最后，将交易成本对医师的直接影响和间接影响进行加总，分析对医师行为总的影响效果。

1. 交易成本对患者行为的影响

经济学理论表明，患方是否向医院和医师提出索赔、以何种途径提出索赔主要取决于他们自己获得的利益与所花费的成本之间的权衡。患方提起索赔的私人利益是他们通过各种途径解决医疗损害纠纷中所获得的预期赔偿，私人成本即通过各种途径解决纠纷的过程中所付出的交易成本，如花费的时间、精力和金钱。当患方的私人利益高于私人成本时，患方将提出索赔，当交易成本超过了预期对医疗损害的赔偿时，患方就不会提出索赔。同时，患方将选择预期净收益较高的解决途径提出索赔。

现实生活中，发生医疗损害后，由于患者通过司法诉讼进行索赔的交易成本高昂，其预期净收益较低，甚至为负，所以减少了医疗损害诉讼案件的数量。案例医院的调查结果显示，在该院发生的医疗纠纷仅有10%左右的患方通过司法途径来解决。由于诉讼程序交易成本的存在，患方可能会减少通过诉讼索赔请求的数量。而由于通过医患双方协商索赔的交易成本较低，患者的预期净收入较高，所以遭受医疗损害的患方大部分通过与医院和医师双方协商的途径向医疗机构提出索赔。案例医院的调查结果较好地说明了这个问题，比如，80%—85%的患方通过双方协商的途径解决医疗纠纷。也有不少本不应该由医院承担的医疗损害责任，却遭到了患方或其家属索赔的情况，医院为了息事宁人也给予了患方或其家属一定的经济补偿。比如，在案例医院每年发生经济赔偿的医疗纠纷中，有10%—15%的纠纷医院是不应该承担赔偿责任的。因此，患方遭受医疗损害后向医疗机构提出索赔的案例并未减少，反而在增多。由于实际赔偿的医疗纠纷的数量比应当赔偿的纠纷数量还要多，所以导致医院和医师采取过多的预防行为。

2. 交易成本对医师预防行为的影响

在本书的第四部分已经分析了非财务成本的存在对医师预防行为的影响，得到的结论是，不管在过错责任原则还是无过错责任原则下，医师都将采取过度预防行为，该研究结论同样适用于医患双方达成赔偿时的交易成本对医师预防行为的影响。

如果医师的应诉成本很高，那么将导致医师采取较诉讼交易成本为零时更高的预防水平。采取更高的预防水平，医师就可以降低医疗损害发生的概率和严重程度。如果这一额外的预防成本低于应诉的交易成本，那么可以预期，在诉讼成本非常高的时候，医师会采取这类额外的预防措施。即使医疗纠纷通过医患双方的协商来解决，也有交易成本的存在。事实上，除了支付给患者的医疗损害赔偿金外，医院为处理医疗纠纷还要支付其他的各种费用和成本。比如，案例医院为了处理医疗纠纷，专门成立了法制办，并配备了两名专职工作人员。另外，如果医疗纠纷的解决走司法诉讼程序的话，直接的经济支出还包括律师费、鉴定费、诉讼费等。比如，该院雇用了当地的一家律师事务所，每年固定向该律师事务所缴纳固定的报酬。案例医院法制办的负责人表示，一般情况下，一起医疗诉讼的审理需要 10 个月的时间。该院 2007 年发生的一起医疗诉讼纠纷花费了两年多的时间，牵涉了大量的人力和物力，至今还未得到妥善解决。除此之外，案例医院医师的调查问卷结果表明，375 名医师全部认为医疗纠纷的处理浪费了他们的时间。该院神经内科的某位医师谈到这个问题时，一脸苦恼地说："那个老大爷缠了我整整三个月，我怎么安心工作？"

综上所述，由于医患双方在达成医疗损害赔偿的过程中交易成本的存在，通过直接和间接两方面对医师预防行为产生影响，医院和医师将会采取过度预防行为。

四、医师是风险规避型

以上分析结论都是建立在医师是风险中性这一重要假设的基础上的。现实生活中，医师不一定是风险中性的，因此本部分放松了对医师风险中性的假设，分析医师的预防行为将会发生何种变化。

（一）风险厌恶理论

根据人们对预期效用的不同态度，可以将人分为三类：风险厌恶、风险中性和风险偏好。对于风险厌恶的人来说，货币收入的效用是增函数，但是以一个递减的比率在增加，也就是说随着他满足了自己更重要的需要，额外单位财产的价值在降低，即收入的边际效用呈现递减的规律。主体的财产与带来效用之间的关系可用图 5-14 表示。从该图可以看出主体对他的财产效用相关的图形是一个凹入的形状。对于一个其财产的效用符合这一图形的主体来讲，说他们在本质上不喜欢承担较大的损失风险是合理的，因为这些损失与对于他所产生的效用是不成比例的。假设主体是通过具有风险的前景对于他的预期效用的影响来评价前景的，预期效用是通过每一个可能的结果（每一个可能的财产水平的效用）乘以它的概率来获得的，计算结果表明，对于一个其效用图形与图 5-14 类似的主体来说，具有 5% 的概率损失 20000 元的情况的预期效用大于具有 10% 的概率损失 10000 元的情况，因为 20000 元的损失所导致的效用减损超过 10000 元损失所导致的效用减损的两倍。这表明，其财产效用图形是凹入的，主体的风险是厌恶的。根据不同程度的损失对于主体意义的不同，对应着不同程度的风险厌恶类型。从形式上来讲，风险厌恶的程度取决于财产效用图形的凹入程度：凹入的幅度越大，风险厌恶的程度也就越大。也就是说，随着损失的增加，效用降低的程度也在更快地增长。

因此，与风险中性主体不同，风险厌恶主体不仅仅关心损失的预期价值，而且关心损失的可能规模。风险厌恶主体本质上不喜欢损失大小的不确定性，他们认为确定货币收入前景的效用大于具有同等预期货币价值的不确定前景的预期效用。

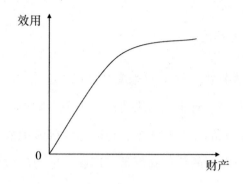

图5-14 风险厌恶主体的财产与效用的关系

（二）风险厌恶对医师预防行为的影响

这里假设医务人员要承担责任，但是无论是医师还是患者都没有获得保险。这比较符合中国医疗机构目前的实际情况，由于各种各样的原因，大部分风险厌恶的医务人员事实上并没有获得医疗责任保险。

1. 无过错责任原则

在严格责任规则下，患者遭受的所有损失都可以得到赔偿；承担风险的是医师，医师对于风险的态度是需要考虑的因素。如果他们是风险中性的，他们将施加最佳水平的预防，他们也会以最佳的行为水平从事这一活动。比如，他们会选择边际预防成本等于边际预期医疗损害成本时的预防水平。因此，结果对于社会来说是最佳的。如果医师是风险厌恶的，其结果可能就不是社会最佳了。如果医师从事这一活动，社会福利相对于理想状态下的社会福利将降低，其原因不仅仅是医师将承担风险，还是他们有可能导致医师施加过多的注意以避免承担责任。造成医务人员施加过度预防的原因是，在最佳的预防水平时，虽然边际社会预防成本等于边际社会预期医疗损害成本，但对于风险厌恶的医师来讲，他将认为边际预期医疗损害成本要高于边际预防成本，因此他将继续提高预防水平，直到二者相等。缓解这一问题的方法就是降低医师承担医疗损害责任的强度，事实上，我们可以证明在某种程度上这样做总是有好处的。换句话说，如果医师是风险厌恶的，让医师把他们所造成的全部医疗损害内部化，并不是社会的最理想状态。

2. 过失责任原则

在过错责任原则下，情况与严格责任非常不同，因为，至少不存在过错判断问题上的不确定性的条件，如果医师施加了法定注意标准的预防水平，他们就不用承担风险，所以他们会施加最佳水平的预防。因此，当医师是风险厌恶的时候，他们不会被引导着施加过多的注意，即过度预防。不过，如果考虑到确定医师行为过错时的不确定性的影响，医师将会产生过度预防行为。

五、医方购买医疗责任保险

本章前文得出的所有结论基于一个非常重要的假设，即医师未购买医疗责任保险。虽然，我国大多数医院都未购买医疗责任保险，但推行医疗责任保险已是一个不可阻挡的发展趋势。文献研究表明，我国部分城市在探索强制性购买医疗责任保险，例如，天津市要求，从 2009 年开始所有的三级公立医院必须购买太平洋的医疗责任保险。另外，许多医院虽然没有购买商业保险公司的医疗责任保险，但医院内成立了医疗风险基金，比如唐山的 3 所三甲医院，每月都从医务人员的奖金中提出5%左右的风险保障金，用于支付医疗纠纷的赔偿金。

笔者在案例医院的调查结果也表明，375 名被调查的医师中，有280 人（占 75%）认为应该购买医疗责任保险，94 人表示不确定是否应该购买，只有 1 人明确表示不应该购买医疗责任保险。在问到"您认为医疗责任保险对缓解医师的防御性医疗行为是否有帮助"，140 人（占 37.3%）表示帮助非常大，187 人（占 49.9%）表示帮助比较大，48 人（占 12.8%）表示帮助不大，没有人认为没有任何帮助。因此，本书有必要分析医疗责任保险对医师防御性医疗行为的影响，以期为缓解防御性医疗行为提供决策依据。

1. 无过错责任原则下医师的预防行为

首先，假设医疗责任保险人能够确定医师的注意水平。那么，其结果将会是社会最佳状态。在无过错责任原则下，如果医师是风险厌恶的，他将购买医疗责任保险。由于保险人能够确定医师的注意水平，他们的责任保险政策将为他们提供完全赔偿，并且会具有促使医师施加最佳预防水平的条款。而且由于被保险的医师将支付等于他们所造成的预期损失的保险费，所以只有当他们应当提供某一项服务时，他们才会决定提供该项服务。因此，其结果在事实上就会是最佳的。在不存在医疗责任保险的情况下，医师将被暴露在风险之中，并且还伴随着其他一些问题，如施加过多的注意，以及有可能阻碍医师提供应当提供的服务或收治危重病人。

其次，假设责任保险人不能够确定医师的预防水平，因此不能够把保险条款与医师的注意水平联系在一起。在这种情况下，其结果将更加复杂，并且也会远离社会最佳状态。具体来说，尽管风险厌恶的医师仍会购买责任保险，但是这些保险所提供的保险水平往往少于全部赔偿。医师喜欢这些提供少于全部赔偿的保险，其原因是这些保险可以给医师提供一些降低责任风险的激励。这意味着此时的保险费将低于提供全部赔偿保险的保险费。当然，医师是风险厌恶的，而且医师必须承担部分风险这一事实本身就意味着这一结果将不会是最佳的状态。而且，医师将免遭受部分损失风险的事实也表明了他们通常不会施加最佳水平的注意。

尽管购买责任保险有可能导致与最佳状态不一致的预防水平，但是应当强调的是提供责任保险仍然是社会所期望的。推理如下：提供责任保险并不影响在目前假设条件下患者的社会福利。无论医师是否拥有责任保险，患者都可以获得医疗损害的赔偿。因此，对于患者而言，医疗损害的风险是多少，以及医师购买保险以后对于医疗损害风险的影响是什么就是无关紧要的。因此，提供医疗责任保险影响社会福利的唯一途径，就是影响了医师的福利。责任保险的提供增加了风险厌恶的医师的福利，因为它保护他们免受风险，并且缓解了医师有可能的过度预防以及不愿意从事具有社会价值活动的问题，如提供高风险的手术或技术操作。而且，责任保险的提供并不会稀释医师降低风险的激励；在存在这种稀释作用的情况下，这种稀释也是非常轻微的，因为那些能够显著增加风险的保险政策是如此昂贵，以至于它们对于医师来说没有什么吸引力。

2. 过错责任原则下医师的预防行为

首先，假定在过错责任原则下，不存在在判断过错过程中的不确定性。那么医师的预防水平将会是最佳的，医师和患者对于风险的承担也将是最佳的。如果医师施加合理预防，医师将不再承担任何风险，而患者则会购买全部赔偿的保险以避免承担损失。那么，需要证明的就是医师会施加合理水平的注意。如果医师没有购买任何责任保险来分担他们的过错，那么很容易证明，医师施加合理预防水平是理性的。而且，很容易理解为什么医师不会购买这样的保险：对于他们来说，保险费太高了，以至于不值得他们购买。因为所有购买这一保险的医师都会采取具有过错的行为，保险人的成本和所索取的保险费将等于有过错行为所导致的预期医疗损害的水平。因此，医师不购买这一保险并且施加合理水平的注意将会使自己的状况变得更好。

其次，假设在确定过错的过程中存在不确定性。在这种情况下，需要注意的主要差异就是即使医师施加了合理水平的注意，他们也有可能被认定为具有过错。因此，风险厌恶的医师将决定购买医疗责任保险。另外，需要说明的重要一点是，风险厌恶的医师所购买的保险类型将主要保护医师免受由于某种类型的错误或过错而被认定为具有过错的风险。这一保险不会保护达到引导医师采取具有过错的行为的程度，例如，这一保险将会排除某些故意的行为，但是并不排除医师无法控制的行为或者法院没有能力判断的行为。这一保险政策之所以需要这样设计，是因为那些一定会引导医师采取过错行为的保险不会被医师所购买，因为其保险费太高了。

六、医师不承担预防医疗损害的成本

本章前文对医师预防行为的所有分析，都是建立在医疗损害预防成本由医务人员承担的假设基础上的，即对医疗服务实行预付制。然而，目前国内的医疗服务主要还是实行按服务项目付费，即后付制。所以，医疗服务实行预付制的假设不符合中国的现实状况。为了更加准确地预测和分析医师在现实条件下（按服务项目付费制度）的行为，本部分放松了该假设，力求分析在由患者承担预防医疗损害成本的情况下，医师将做出的选择。

（一）不承担医疗损害预防成本对医师预防行为的影响

1. 无过错责任原则

前文的分析已经得出结论，如果医务人员承担全部预防成本，那么当其在风险中立的条件下，将会采取有效率的预防措施。然而，面对医疗损害大多数人是风险规避的，他们将采取过度预防措施或回避拒绝提供本来具有社会价值的诊疗服务项目。现实生活中，在按服务项目付费的制度下，预防医疗损害的成本由医师转嫁给了患者。此时，患者对于预防措施的态度又是如何呢？在无过错责任原则下，只要医疗损害事实发生而且医疗损害与医师的行为有因果关系，医师就必须为医疗损害赔付价值等于医疗损害成本的数额，即 $D=A$。医师的预期责任成本等于医疗损害发生的概率乘以由医疗损害所造成的伤害，即 $P(X_i)A$。由于不需要承担预防成本，医师在完全赔偿的无过失责任原则下的预期总成本仅仅等于 $P(X_i)A$。医师有激励去最小化其所承担的成本。因此，医师选择 X_i 来使得 $P(X_i)A$ 最小化。由于 A 是常数，因此当医疗损害概率 P 取最小值时，$P(X_i)A$ 取得最小值。$P(X_i)A$ 取得最小值时的预防水平，我们标记为 X^+，详见图 5-15。由 5-15 图可见，X^+ 的预防水平要高于从社会的角度来说最有效率的预防水平 X^*。由此可以表明，由于医师将预防医疗损害的成本转嫁给了患者，医师将产生采取过度预防措施的激励。

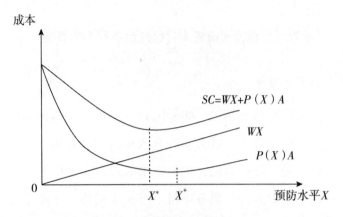

图 5-15　无过错原则下医师承担预防成本对医师预防行为的影响

2. 过错责任原则

前文的分析已经得出结论，假如在确定医师过错的过程中不存在随机误差和系统误差，医师将按照法定注意标准采取预防措施，当法定注意标准与有效率的预防标准一致时，医师采取的预防标准将是最有效率的。但现实生活中，在认定医师行为过错的过程中，经常出现随机误差、系统误差及举证责任倒置等情况。在此类情况下，医师为了不被认定为存在过错，即使由他自己承担预防成本，他也将倾向于提高预防水平，直到他认为可以被法院认定为没有过错的水平。然而，当医师自己不需要承担预防成本时，他倾向于将预防水平提到更高的程度，也就是说，过度预防的程度会更高。但是，这个预防水平将会小于，最多等于无过错责任原则下的 X^+，见图 5-16。因此，可以推断，医师的实际预防水平会处于 $[X^*, X^+]$。医师在该区间中的位置与确定医师过错的过程中随机误差和系统误差的大小，以及医师的举证责任难度有关。如果确定医师过错的过程中随机误差和系统误差越大，医师的举证责任难度越大，医师的实际预防水平越高，越靠近 X^+ 端；反之，则实际预防水平越接近于社会最优水平。

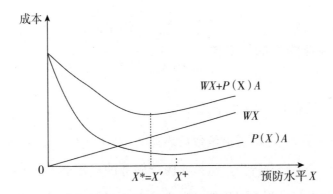

图 5-16　过错原则下医师承担预防成本对医师预防行为的影响

（二）小结

从以上分析可知，面对可能发生的医疗损害，医师的过度预防行为是理性的选择。为了降低医务人员的过度预防行为，应采用过错责任原则，或适当减轻医师在承担医疗损害中的责任。另外，还应减轻医师在医疗损害中的举证责任，尽量避免法院在进行过错行为判定中的失误。

第五节　积极型防御性医疗实现的经济学分析

过度预防行为是医方为了自己利益的最大化而采取的一些减少风险和损失的医疗措施，这些措施势必会影响医疗的另一方主体，即患者的利益，比如，加重医疗费用。然而，患者也是追求自身利益最大化的经济人，而医师怎么使自己的行为变为现实呢？

一、医疗服务的特殊性

1. 医疗服务市场特殊的供需关系

一般产品或服务的需求函数可表述为 $Q = F(P)$，需求量受价格影响而不用考虑供给方行为。但是在医疗服务的供需关系上，Q 不仅受 P 的影响，而且受供给方提供医疗服务数量和质量的能力和意愿的影响；医疗服务需求函数可以表述为 $Q = F(P, D)$，D 表示医师提供医疗服务数量和质量的能力和愿望。该函数表明，医疗服务提供者有能力根据自身意愿对医疗服务的需求进行调节，从而形成了医疗服务市场供求规律的特殊性。在这种特殊的医患供需关系中，医师有着诱导需求和增加供给的医疗技术资本，使得一些不必要的检查和治疗在披上技术的外衣后，很容易为病人所接受，从而使得过度预防行为成为现实。

2. 医疗服务中信息的不对称性

信息不对称理论是信息经济学的重要组成部分。当市场上存在信息不对称时，掌握信息的一方会利用对方所不知道的信息来侵害对方的利益和谋求自己的利益。然而，信息不对称条件下的交易也并非轻易实现的，所谓的柠檬法则会减少或阻止信息优势方的利己行为。但是，柠檬法则在医疗市场中并不适用，有学者对此进行了分析，认为有两方面的原因：一是在医疗服务市场上，供求双方的市场地位不平等，供给方处于垄断地位，在医疗服务供给方式、品种、价格等方面拥有决定权，而消费者处于被动地位，基本上失去了讨价还价的能力。二是医疗服务缺乏替代品，并且关系到人的生命健康，消费者不可能退出医疗服务市场来保障自身的利益。

由于这些特殊的原因，在医师与患者的服务关系中，患者更多的情形是处于被动状态。也许，正是因为这个原因，才需要法律对患者的权利进行更多的保护。然而，法律（诉讼制度）并不能改变这种天然的技术与信息不平衡状态，在诉讼制度面前，医师仍然是拥有强势技术和信息的，为了避免诉讼给自己带来的风险和损失，医师更有可能利用这种天然的优势来保护自己。

二、防御性医疗的举证成本高昂

针对医师采取的过度预防行为，《侵权责任法》第 63 条明确规定：医疗机构及其医务人员不得违反诊疗规范实施不必要的检查。这一法律规定，明确了实施不必要的检查属于损害患者财产权利的侵权行为，但是该法律没有明确界定不必要检查的外延。在临床实践中，违反诊疗常规的不必要检查，是指根据诊疗常规的规定，医务人员没有必要对患者实施某项检查。但是，由于医疗活动的高度专业性，根据患者的病情判断是否应当实施某项检查，对于包括法官在内的普通人来讲是困难的。因此，对大部分不必要的检查行为的判断需要通过医学专业鉴定来加以解决。根据"谁主张谁举证"的一般举证责任分配原则，该事项的举证责任由患者承担。

面对可能存在的过度检查等过度预防行为造成的侵权损害，患者是否会提出损害赔偿申请呢？患者是否提出索赔，主要取决于他们自己获得的利益与所花费的成本之间的权衡，患者提起索赔的私人利益是他们从协商或者诉讼解决医疗损害纠纷所获得的预期赔偿，私人成本即在解决纠纷过程中所花费的时间、精力和金钱。当患者的私人利益高于私人成本时，患者将提出索赔；当索赔成本超过了预期对损害的赔偿时，患者就不会提出索赔。从索赔获得的利益来看，主要是医院退还不必要的检查、化验和药品的相关费用，应该说在一般情况下，此数额不会太高；从索赔的成本来看，由于医疗活动的高度专业性，导致患者的索赔成本会很高，比如，如何证明医师采取的检查行为属于不必要检查，还需要通过医学鉴定。所以，面对较低的索赔利益和较高的索赔成本，患者会选择放弃向医疗机构提出索赔。在此激励机制下，医院和医务人员倾向于提供过度预防服务。

第六节　消极型防御性医疗的形成机制

根据防御性医疗行为的定义，为了防范医疗纠纷和医疗诉讼，医师减少提供、不提供某类医疗卫生服务，或拒绝收治某类患者的行为也属于防御性医疗行为的一种表现形式。本部分内容主要分析和讨论医疗损害责任对该类防御性医疗行为的影响。

本章前文所有的关于医疗损害责任对医师行为的激励分析，是建立在预防水平是影响医疗损害的唯一因素的假设基础上的。除了预防水平外，医务人员的行为水平也是影响医疗损害的一个关键要素。面对潜在的医疗损害，医务人员需要权衡施加何种程度的预防水平，同时还需要权衡是否收治某类型患者或为患者提供某种类型的诊疗服务。因为前文已充分分析了医疗损害责任对预防水平的激励效应，接下来将研究各种医疗损害责任对于医务人员行为水平的影响，即医务人员提供某种类型服务项目的数量或收治患者的数量。

本部分的分析将依据两个关于医师行为水平的假定来进行。首先，在医师的预防水平一定的条件下，医师行为水平的增加将导致预期医疗损害事故以相应的比例增加。其次，医师行为水平的增加会导致他们效用的增加，比如净收益增加。我们假定设定的社会目标是使医师从他们的行为中所得到的效用最大化，而同时他们的行为所导致的医疗损害预期总成本最小，也就是使他们的预防成本与预期医疗损害成本之和最小。

一、医务人员诊疗行为水平选择模型（图5-17）

从社会福利达到最佳状态的角度出发，医师必须像前文分析的那样，施加有效率的预防水平。在此基础上，医师同时还应当使他的行为达到一定的水平，而这种水平的行为能恰当地平衡他所获得的效用和所增加的风险。

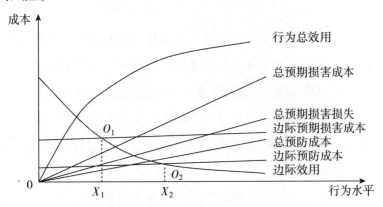

图 5-17 医务人员诊疗行为水平选择模型

在效用最大化的激励下，医师的诊疗服务水平应按照以下步骤来确定：首先，找到能够使医师每从事一次他的行为所增加的总预期医疗损害成本（预防成本和预期医疗损害之和）最小化的预防水平，每从事一次他的行为所增加的总预期医疗损害成本，即边际预期医疗损害总成本。稍微思考可以知道，边际预期医疗损害成本是一个常数。其次，根据基数效用分析法，依次列出提供一定数量服务（从 1 单位的服务量开始，逐渐增加服务量）给医务人员带来的总效用大小，并求出边际效用大小。根据边际效用递减规律，可知每多提供一个单位的服务，其相应增加的总效用比前一个单位增量所引起的总效用增量要小。最后，如果提供第一单位的边际效用低于边际医疗预期损害成本，则应放弃提供该服务；如果提供第一单位的边际效用高于边际医疗预期损害成本，则应提供该服务。然后，不断提高医务人员的行为水平，直至医务人员的边际效用等于边际预期医疗损害总成本，医务人员的总净效用达到最大，则放弃继续提供该服务。

二、过错责任原则的激励效应

在过错责任原则下，医师会被引导着施加最佳水平的预防。假设法院所选择的合理注意水平等于社会最佳注意水平，由于他们施加了合理注意，医师就可以不必为他们造成的医疗损害承担任何责任。也就是说，这时医师承担的医疗损害预期总成本仅为医疗损害预防成本。为了实现效用最大化，医师将选择边际效用等于法定注意标准的预防成本时所对应的服务量，即 X_2。

我国现行法律规定，一般情况下医疗损害责任的认定应实行过错责任原则。这也意味着过错责任原则下医师的最优服务量，也是从社会角度来说希望提供的服务量。因此，本研究在过错责任原则下，从经济学的角度对该类防御性医疗行为（为防范医疗纠纷和诉讼而减少提供诊疗服务）的表现形式做出界定。即将 X_2 作为判断医师是否存在防御性医疗的临界值，该服务量也是从社会的角度来说希望提供的服务量。若医师提供诊疗服务的数量小于 X_2，则认为医师存在防御性医疗行为。

根据上文的分析结论，在过错责任规则下医师将提供 X_2 的服务量，即医师不会出现防御性医疗行为。然而，需要说明的是，这个结论的成立是需要一系列前提条件的，主要包括在确定医师行为过错时，不存在随机误差和系统误差、医师无非财务成本、医疗损害赔偿的交易成本为零等。然而，前文的分析已经表明，这些前提条件在现实中都是不能成立的。那么，既然这些前提条件不能成立，对医师的服务数量将会产生什么样的影响呢？

前文分析可知，医师提供服务的数量由边际效用和医师的实际预防成本所决定。这也就意味着能够影响医师实际预防成本的因素，对医师提供服务的数量会产生影响。在分析过错责任原则对医师预防行为的激励效应时，已经明确医师如果采取过度预防行为将增加医疗损害预防成本。而且，影响医师采取过度预防行为的主要因素，包括在确定医师行为过错时的不确定性、举证责任倒置、医师在医疗损害发生时存在大量的非财务成本、风险规避等。同样的道理，这些导致医师采取过度预防行为的因素都将导致医师提供的诊疗服务量要低于过失责任原则下的社会最优水平 X_2，即医师出现了防御性医疗行为。

三、无过失责任原则的激励效应

在无过失责任原则下，医师将赔偿他所造成的医疗损害损失，也将享受他的行为所获得的效用及承担医疗损害预防成本。本章在前文部分已经得出结论，在无过失责任原则下，医师会选择最佳的预防水平，因为这样可以使他每次从事诊疗服务行为所承担的预期总成本最小。在无过失责任原则下，医师的边际预期医疗损害总成本等于医师的医疗损害预防成本与医疗损害预期赔偿成本之和，而在过失责任原则下医师的边际预期医疗损害总成本仅为医疗损害预防成本，因此前者的边际预期医疗损害总成本高于后者。在无过失责任原则下，医师会选择其边际效用等于边际预期医疗损害总成本对应的服务量 X_1。很容易看出，在无过失责任原则下，医师提供的服务量 X_1 小于过失责任原则医师的服务量 X_2。也就是说，无过失责任原则的实施，导致医师采取了防御性医疗行为。

那么接着需要考虑的问题是，在无过失责任原则下，哪些因素会影响医师提供的服务数量，哪些因素能加重医师的防御性医疗行为呢？前文分析可知，医师提供服务的数量由边际效用和边际医疗预期损害总成本（医疗损害预防成本和医疗损害预期赔偿成本之和）所决定。这也就意味着能够影响医师边际医疗预期损害总成本的因素对医师提供服务的数量会产生影响。在分析无过失责任原则对医师预防行为的激励效应时，已经明确医师如果采取过度预防行为将增加医疗损害总成本。而且，影响医师采取过度预防行为的主要因素包括在确定医师医疗损害责任时的系统误差（包括医师估计或实际医疗损害赔偿金高于医疗损害造成的损失、让医师承担了不应该承担的医疗损害责任、举证责任倒置）、医师在医疗损害发生时存在大量的非财务成本、医疗损害赔偿的交易成本为正、医师是风险规避的等。同样的道理，这些导致医师采取过度预防行为的因素都将导致医师提供的诊疗服务量要低于 X_1，即将加重医师的防御性医疗行为。

四、过失责任原则与无过失责任原则的比较

在过失责任原则下，医师造成的医疗损害带来的社会成本外部化了，虽然会采取有效率的预防水平，但提供的行为水平却高于无过失责任原则时的行为水平。从图 5-17 中可得出，在过失责任原则下，医务人员将他提供的服务量从 X_1 提高到 X_2。这也提示，由于我国目前医疗

损害处理实际执行的是类无过失责任，导致医院不提供或少提供高风险的诊疗服务项目，或拒绝收治高危病人。要改变这种局面，应适度减轻医师承担医疗损害的责任。

第六章　有限理性条件下防御性医疗的经济学分析

在传统的经济理论中，决策者是理性自利的，这是一个核心假设。从专业的角度来说，这意味着决策者有着稳定、良序的偏好，证明了决策者的认识和推理能力。具体而言，它表明决策者能够计算其可获取的各种手段及可获取的成本和收益，而且能够从中选出提供最大净收益的选项。在第五章关于医疗损害责任对医师行为影响的激励效应分析是建立在决策者理性假设的基础上的。用经济学的语言来说，设计分配医疗损害责任原则的目的是让患者和医师发送他们该如何行动的信号。若医疗损害责任有此影响，则法律试图影响的对象必是理性的人，否则绝不会得到预期中的效果。说他们理性，即是说他们可以通过观察了解自己，从而采取某种形式和一定数量的预防措施，以最小化自身的责任。

可是，人们真的会以这种方式来对潜在的责任做出决策吗？有些人是可以的，但是另外一些人就未必了。行为经济学的研究表明，现实中的人并不总是像经济学家假定的那样理性。但这并不意味着人们的行为不可预测、不理性、随心所欲、无规则可循，让人们无法捉摸。相反，这些特点是能够被描述、被运用的，有时甚至是可以被模型化的。行为经济学的研究成果表明，人们是在直观推断或者经验法则的基础上做出各种各样的决策的，虽然这在很多场合发挥了作用，但也能引起系统性错误。同时，人们也会受到各种偏见的影响。正因为这个原因，本章放松了对决策者理性自利的假设。试图分析在非理性条件下，医疗损害责任对医师的行为产生的影响。

第一节　后见偏见对防御性医疗的影响

一、后见偏见理论

后见偏见，是指个体在得知事情的结果之后，否认结果信息的影响并高估自己能正确预测事情发生概率的现象，又称为事后聪明或事后诸葛亮。自巴鲁克·费施霍夫的著作开始，心理学家不断表明，人们过高估计了对过去事件的预见力。当人们了解事件的结果后，对于结果出现之前的可预见性做出判断时，往往会受到后见偏见的影响。相对于结果发生之前做出的可预见性，他们存在夸大已知结果的趋向。当行为人在事件实际发生以后再判断事件发生的概率时，往往会高估其发生的概率，尽管事件的发生具有客观的概率。行为人如果不知道事件已经发生，他会相信客观的概率；但当行为人知道事件曾经发生后，行为人的概率判断将会超过客观概率。拥有已知结果的优势，人们不仅认为特定的结果是更加可预知的，而且更有可能回忆起与所知结果相一致的事件信息，同时认定这些信息对于事件结果的发生是更有影响力的。人们简化、不考虑，甚至会遗忘与所知结果不一致的事件信息。

因此，对于预期成本和收益的比较，在事前和事后会产生差异。从后见的角度，人们不断夸大先见角度能够预测到的东西。他们不仅倾向于认为已经发生的事件不可避免，而且认为在事件发生之前已经显得不可避免。人们认为他人对事件本来能做到的预测，实际上应该做得更好。

心理学研究表明，后见偏见是极端顽强的现象。它影响着不同场景下不同类别人的决策制定。同时这个偏见也强大到对法律体系产生影响，而且影响着法官的判断。这种偏见是把反馈整合到我们对世界的理解中，进而更新我们信念的自然过程的产物。无论怎样重构在后见状态下的判断方式，结果都是不可避免的，同时又是可以预测的。

二、医疗损害责任认定中的后见偏见

患者在接受诊疗过程中发生医疗损害时，需要确定医师的行为是否存在过错，以及过错行为与医疗损害之间是否存在因果关系。根据医师行为过错的判断原则，确定医师是否有过失，应当是基于医师是否严格遵守对疾病诊疗规范进行判断，而不应该是基于患者已经发生的结果，使该病人已经遭受到了严重的伤害或者死亡。然而，大量的研究文献及案例都表明，法院在审判中受到了医疗损害结果的极大影响。

在我国医疗侵权诉讼案件中，由于医疗损害案件的专业性较强，一般都要求找专业机构进行医疗技术鉴定，比如可以选择医学会组织的医疗事故技术鉴定委员会的鉴定，也可以选择司法鉴定机构的鉴定。鉴定的内容主要是医师在诊疗过程中是否存在行为过错，以及医师的行为是否与患者的医疗损害存在因果关系。专家需要评估由被告所导致的损失或者伤害是否可以预见，以及评估被告是否意识到了这个危险的存在。由于鉴定专家在评判医师的行为是否存在过错时，都是在医疗损害事实发生后进行的，所以难免会受到后见偏见的影响。甚至是非常熟练的，经常做出谨慎、专业决策的专家们，在他们专业领域内做出判断时，都容易受到后见效应的影响。

文献研究表明，国外关于法院在审判中受到医疗损害结果影响的案例很多。比如，Berlin 报告了一个放射线医师被指控没有察觉到一个肿瘤存在的案例。一个在当时没有疾病的健康患者在时间 I 进行了常规的胸部 X 光照片，并且这个 X 光片被放射线医师 A 认为是正常的。若干年后，当这个患者感到胸部疼痛时，他第二次进行了胸部的 X 光照片，此时另外一个放射线医师 B 在 X 光片中发现了一个很大的肿瘤。不幸的是，尽管进行了大量的治疗，这个患者还是死亡了。在他死亡之后，该患者的家属对放射线医师 A 提出了医疗玩忽职守的法律诉讼，声称在 A 检查时肿瘤就应当被发现。在审判中，放射线医师 B 认为在时间 I 的 X 光片中就已经具备显示出的肿瘤存在的信息内容。他证实肿瘤在时间 I 的 X 光片中是可见的，因此这个肿瘤应当能够被被告在时间 I 的 X 光片中察觉出来。从国外文献来看，类似的案例并不是罕见的，而且主要体现在放射医学诊断领域。

另外，Blandon 等人通过实验调查研究了事件结果的严重程度与医师和公众对于医疗过失的态度之间的关联。参与者回顾了一个假想的医疗玩忽职守诉讼案件。在该案件中，一个对抗生素过敏的老年人在进行完外科手术后被给予了抗生素的治疗。了解到伤害结果的参与者更可能去主张该护理医师应当被控告医疗玩忽职守罪（在受伤害组中有55%的医师同意该项控告，而在无伤害组中只有4%的医师同意），并且他们更可能认为该护理医师的医师执照应当被吊销（在受伤害组中有50%的公众同意吊销该医师执照，而在无伤害组中只有23%的公众同意）。该实验也充分说明了后见偏见在医疗领域是普遍存在的。

国内也存在与国外类似的情况。比如，有一患者因患肿瘤入住某医科大学附属医院，进行手术治疗。在切除肿瘤时由于肿瘤组织腐脆，与周围组织粘连严重，术中发生 DIC 导致严重渗血，医师立即给予积极处置。患者因多脏器功能衰竭抢救无效死亡。死者家属以医方治疗不当导致患者死亡为由提起诉讼。医院答辩认为，整个治疗过程无过错，原告出现 DIC 是其疾病发展的结果，肿瘤本身和手术治疗均可引起 DIC，术前对患方告知手术危险，已获取患方同意。法院认为患者死亡与其疾病转归有关，但该医疗机构是教学医院，应该比普通医院具有更强的注意义务，术前、术中应该考虑更为详细，最后判决医方承担 20% 责任。

另外，笔者在访谈医师的过程中，也发现临床医师在做诊疗行为的决策时，明显意识到了后见偏见的存在及其产生的影响。比如，案例医院的一位医师在接受访谈时表示："为什么给发热的病人做那么多的检查，比如说肥大氏反应。因为它是有指征的，发热的病人不能排除患有斑疹伤寒的可能。当然，你不做，病人的病好了，也没有问题。但是，万一真是伤寒，耽误了病情，如果要打官司，专家会说你为什么没有做，病人有发烧的症状，应该想到有患伤寒的可能。"

三、后见偏见对医师诊疗行为的影响

医疗损害事故发生以后，假如当事医师已经采取了合理的预防，但还是认定他们有过错，这看起来可能会带来经济上的不利的后果，认为被告不承担过错责任，并不比严格责任体系的危害更大。事实上，后见偏见把过错标准转换成了事实上的严格责任体系。因此，后见偏见影响下的过错认定，在经济后果上，就类似于那些严格责任的体系。

对潜在的被告而言，严格责任体系并不产生额外预防的激励。在过错责任和严格责任下,潜在被告都是采取就整个社会而言的有效预防来最小化他们的成本。两个体系看起来都创造了对采取有效预防的充足激励。但是这里有两个问题。第一,被告或最终的事实裁定者,在决定适用注意的时候,有出现错误的概率,因此在过错体系里,可能导致潜在被告采取无效率的过度预防。被告提高他们的预防,从正好低于合理注意到正好高于合理注意,可以收获到巨大效益。因此,如果对合理注意标准表示不确定,被告应该是朝着过度预防这个方向犯错误;第二,由于严格责任要求,与只限于过错导致的相反,潜在被告对某个行为导致的所有伤害负责,所以与过错责任相比,某个行为在严格责任规则条件下代价更昂贵。

后见偏见改变了过错责任与严格责任之间的对比。过错责任体系,在后见偏见下审理近似于严格责任体系,虽然二者不是完全一样。大概来说,它是一种准严格责任规则。这个偏见使得法庭认定,给予了合理注意的被告,其责任与在严格责任规则下承担的一样多。但是,因为就算是带有偏见地对合理注意的估计,也可能发现被告没有过错,所以这两个体系多少有些不同。尽管存在后见偏见,那些采取比合理标准高得多的预防措施的被告,也许仍然能免于责任。那些采取刚刚足够的预防措施的被告,因为后见偏见,可能就将被认定为有过错。为免于承担责任,潜在被告不得不承受超过就全社会而言的有效注意水平所付出的代价,将取决于偏见的程度、超额预防的成本以及这些预防对不利后果的发生概率的作用。如果潜在的被告意识到,通过采取足够的预防而免于准严格责任的节省大于这些预防的成本,那么,被告将采取这些就社会而言过度的预防措施。但是,在后见状态下,过错责任规则的认定不一定会产生社会上无效率的结果。如果过度预防的成本大于免于责任的节省,潜在的被告将采取就社会而言有效的预防水准以最小化他们的成本，即使他们将不得不对原告的伤害进行赔偿。

图6-1描述了后见认定的责任体系对潜在被告可能施加的成本。X轴代表被告可能采取的预防程度，Y轴表示事故和预防的成本。裁决不承担责任的被告将只负担预防的成本，而被裁决有过错的被告将负担预防的成本以及由于原告引起的损害赔偿。总社会成本在图中P点的位置处于最低值。按照传统的经济学分析，如果被告采取了至少以点P处为标志的预防，被告就没有过错。无论是过错责任还是严格责任规则，在点P处被告最小化了他们的成本，唯一的区别是在过错责任规则下，他们的成本是Q_1，但在严格责任领域，他们的成本是Q_3。

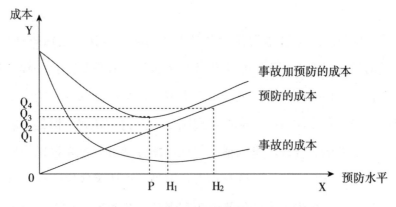

图6-1 后见偏见下的医疗损害成本函数

后见偏见提高了法庭判断被告没有过错的位置。因此，如果偏见把这个点移动到了H_1，那么仅仅采取了就社会而言有效的注意水准的被告，将不得不既负担预防的成本，也要负担事故的成本Q_3，这和严格责任规则下的被告一样。但是，如果被告采取了更高的注意水准，他们将只被要求负担预防的成本。因此，由于他们整体上的成本将变小，被告将采取更高的注意水准。对这些被告而言，意识到采取过度预防将节省个人总成本，这将导致对被告的无效激励。但是，如果后见偏见的效果比这还要有影响，法庭将只对采取了至少以点 H_1 处为标志的注意水平的被告免于责任，这时被告将会在有效率的 P 点的水平最小化他们的成本。这是因为，在 H_2 点处被告将支付 Q_4 作为预防成本，它超过了 Q_3。

因此，过错体系中的后见偏见会直接产生采取充分预防的激励。如果偏见的后果严重到了与严格责任相同，就可能产生有效率的激励。但在不同的情况下，它也可能产生采取过度预防的激励。普通的法官和立法者都不太可能具有在每一级别的案件中区分以上两种情况的能力。除了需要有事故和预防成本的大量计量经济数据外，还需要有后见偏见以及偏见与这些预防之间关系的精细定量研究，才能在任何既定情景下，对法官事后的过错认定下是否产生了采取过度预防的激励的结论。让法庭事后的过错认定下的过错认定是否产生无效率的激励，即使这不是可能的，也将是困难的。

因此，一个产生无偏见判断的体系将避免后见偏见的两个不利经济后果中的一个。第一，无偏见的判断将避免后见偏见可能导致的采取过度预防的激励。第二，后见状态下对过错的认定，产生与严格责任相同的激励作为事实上的严格责任的成本。可以使得特定行为变得更不情愿去做。不管过度预防的成本是否超过被告承担责任的节省，后见状态下对过错的判断都次于一个无偏见的体系。

第二节　直觉偏差对防御性医疗的影响

一、直觉偏差

现实中人们的决策判断，不仅依赖于问题本身的内容和性质，还依赖于人们的知识和经验。当人们面临一个复杂的、不确定性的决策问题时，由于信息加工能力有限、时间有限或缺乏先前经验，人们不会也不可能运用理性的原则进行严密的逻辑计算来给出判断，人们只能依据自己的直觉或者一些常识来对问题进行简化，快速地对信息进行加工处理，形成判断做出决策（桑斯坦，2006）。大多数情况下，根据此类原则得到的答案往往会非常接近"最优"方案，但是在某些情况下，直觉就可能产生偏差和不一致。Khanemna 和 Tversky 对人们在不确定条件下的判断做了大量的实验研究，并指出，人们在不确定性世界中做判断依赖于有限的探索性方法，人们在做决定的过程中并没有系统的方法，而只是选择他们能做到的，因此往往依赖各种探索性方法或捷径来简化风险判断和决策。他们把依据直觉和经验进行判断而产生的系统性偏差归纳为三大类：易得性直觉偏差、代表性直觉偏差、锚定和调整直觉偏差。

（一）易得性直觉偏差

所谓"易得性直觉偏差"主要是指，人们通常依据一些容易想起来的事例来判断一种事件或一类事件发生的概率，由于一些因素的影响，对易得性的依赖往往会导致严重的预测偏差。一般来说，导致易得性直觉偏差的来源主要有以下几种：由媒体报道所导致、由想象所导致、由视觉所导致的、由生动性所导致和由结果估计所导致等。

1. 人们对风险的感知受媒体影响很大

由于媒体对某一事件报道的频度和深度不同，在主观上会影响人们的回忆程度，进而影响人们对事件的判断，不管媒体报道的信息是否正确，只要该信息不断重复和显现就会使人们相对容易唤起和获得该类信息，并误认为这类信息是重要的和准确的，而事实可能未必如此。

2. 已发生事件带来的判断偏差

已经发生事件会对人们的直觉判断带来广泛的影响。一般来说，已发生的事件所带来的认知偏差有以下几类：①熟悉的事件影响会超过不熟悉的事件。即对几种即使发生频率相同的事件，人们会倾向认为自己熟悉的某类事件的发生可能性更大；②刚发生的事件影响会超过以前发生的事件；③显著的医疗损害事件影响会超过不明显事件；④生动的、具体的事件信息的影响会超过平淡的抽象的事件信息。

（二）代表性直觉偏差

所谓"代表性直觉偏差"主要是指，人们通常依据事件之间的相似性来判断一种事件或一类事件发生的概率，由于一些因素的影响，对代表性的事件依赖往往会导致严重的认知偏差。按照相似性进行判断，通常会导致以小样本代替大样本和忽视先验概率等偏差。许多事件的发生常常带有一定的偶然性和随机性，几次相同性质的事件并不能代表全部样本总体。但一般情况下，人们误认为大多数定律，既能适应大样本也能适用于小样本。人们对样本大小的不敏感，就会导致人们通过小样本信息来反映大样本性质，从而产生偏差。这里主要是因为人们通过小样本的局部事件来推测大样本总体性质而产生认知偏差。

（三）锚定和调整直觉偏差

所谓"锚定和调整直觉偏差"主要是指，人们在对事物进行判断和评估的时候，往往会以一个较容易获得的信息作为估计的基准点（锚定值），对目标价值的判断以基准点或初始值为中心进行调整，这种调整往往是不充分的，因而常常产生偏差。由于基准点不同引起调整不充分导致的偏差，就是锚定和调整直觉造成的偏差。锚定的作用，会导致人们对一个事件的判断产生偏差。民间所说的"一朝被蛇咬，十年怕井绳"也就是这个道理。

医师和患者在判断与医疗纠纷的各种概率同样可能存在直觉偏差。比如，医师在判断医疗纠纷的发生概率时，可能存在直觉偏差。同时，发生医疗损害事故后，患者在判断医务人员是否存在行为过失时，也可能会发生直觉偏差。

二、直觉偏差对医师认知及 DM 行为的影响的分析

根据直觉偏差理论，亲身遭遇过尤其是刚刚遭遇过医疗纠纷的医师会对医疗纠纷的遭遇印象深刻，并会影响到对今后诊疗工作中是否会发生医疗纠纷的判断，比如会高估医疗纠纷发生的概率，因此将会倾向于产生过度预防行为。本研究假设可以通过以下得到证实：

在第三章中的测算结果表明，两年内遭遇过医疗纠纷的医师的 DM 平均分为 15.9 分，两年内遭遇过医疗纠纷的医师的 DM 平均分为 14.1 分，经独立样本的 T 检验表明，$t = 3.19$，$p = 0.002$。这意味着，两年内

遭遇过医疗纠纷的医师防御性医疗行为要比未遭遇医疗纠纷的医师严重。那么两年内遭遇医疗纠纷的医师的 DM 为什么会高于未遭遇医疗纠纷的医师呢？本研究认为，两年内遭遇医疗纠纷的医师会倾向于高估医疗纠纷的发生概率，因此会产生较高的防御性医疗行为倾向。那么如何才能证明遭遇医疗纠纷的医师会高估医疗纠纷的发生概率呢？实事求是而言，要直接测量医师是否高估医疗纠纷的发生概率很难实现。本研究用医师对目前医患关系紧张程度的评价作为替代指标。

在第三章中，已经验证了近两年遭遇过医疗纠纷的医师对待医患关系的评价，要坏于未遭遇过医疗纠纷的医师。主要依据如下：在遭遇过纠纷的医师中，45.7%的人认为医患关系紧张，54.3%的人认为关系一般，没有人认为关系和谐；而未遭遇过医疗纠纷的医务人员中有 29.0%的人认为关系紧张，65.2%的人认为关系一般，5.8%的人认为关系和谐。经统计学检验，$Z = -3.81$，$P < 0.001$，详见表 3-2。

要想证明，遭遇医疗纠纷的经历是否通过对医患关系紧张程度的评价这个中间变量来影响 DM 得分，还需要证明对医患关系的评价与 DM 得分之间是否有正向的统计学关联。表 6-1 显示，认为医患关系比较紧张的医师的 DM 平均得分为 17.18 分，要高于认为医患关系一般或较为和谐的医师。

表 6-1 对医患关系评价态度与医师 DM 得分之间的关系

对医患关系的评价	样本量	均数	标准差
和谐	13	7.46	6.12
一般	228	13.86	5.53
紧张	134	17.18	2.92

$F = 36.27$，$P < 0.001$

因此，根据以上推理，本书可以得出如下结论，由于有限理性因素的影响，遭遇过医疗纠纷的医师会高估医疗纠纷的发生率，因此将会倾向于产生过度预防行为。

三、直觉偏差对患者认知及医师的 DM 行为的影响

案例医院的问卷调查表明，在 375 名医师中，除 1 人为缺省值外，认为新闻媒体对医疗纠纷的报道客观真实的仅有 7 人，占 1.9%；认为报道主观片面的有 269 人，占 71.7%；认为报道不真实的有 98 人，占 26.1%。一位接受访谈的医师表示："现在新闻报道对医院和医师非常不利，恶化了医患关系。大家都认为患者是弱者，媒体往往站在患者立场上分析和报道问题，其实我们医院和医师才是真正的弱者！"新闻媒体的报道能对患者的认知产生较大影响。

在现阶段，患者对医方的不信任程度很高，使得医患关系变得非常脆弱。另外，在诸多有关医患矛盾的媒体报道中，负面的报道和评价居多。"医疗服务质量滑坡""医学伦理道德沦丧""医务人员的拜金主义"在媒体的报道中成为如今医疗体系和医患关系诸多问题的罪魁祸首。尤其是关于由于医院或医务人员过失而造成医疗损害事件的报道给人们留下的印象是，这类事件是普遍存在的，发生了医疗损害事件，医务人员过失所造成的比重很大。媒体报道的放大效应对医院和医务人员造成极大的负面影响，强化了医患之间的不信任。在此影响下，患方的潜意识里对医方有着"不负责任、见死不救、见钱眼开"等一系列负面假定，一旦发生不良医疗后果，心存疑虑且对医疗知识缺乏的患方就会认定：必然是医方的行为过错导致不良医疗后果的产生。自己作为受害方，身体方面和金钱方面都遭受了巨大的损失，医方应该给予自己赔

偿。这种医师必然存在过错的非理性认定，就使得经济赔偿变得复杂，发生不良医疗后果的过错在谁，成为患方解决医疗纠纷的利益诉求所在。总之，由于直觉偏差的存在，一旦发生医疗损害纠纷，人们倾向于认为医院存在过失责任，应当承担损害赔偿责任，因此造成患者提出损害赔偿的事件越来越多。

由于即使医院在提供诊疗服务过程中未存在医疗过失，医院仍然承担了一定的医疗损害赔偿责任，因此医院实际上承担了医疗损害的类无过错责任或类严格责任。在目前的按服务项目付费制度下，由于医师将预防医疗损害的成本转嫁给了患者，在最小化自己的医疗损害预期总成本的激励下，医院或医师将采取过度预防措施。

在导致患者直觉偏差的各种机制中，易得性直觉偏差是最为重要的组成部分。对于医疗损害事件来说，易得性直觉偏差的存在，会导致人们倾向高估医务人员在医疗损害案件中的存在过失行为的概率。为了减少由此所造成的过度预防行为，应加强社会公众对医疗风险的认识；应规范大众媒体的行为，保证各种大众媒体对医疗损害事件的公正报道。引导社会公众正确理性地看待医疗损害事件，减少他们的非理性认识和非理性行为。

第三节　医师的风险态度对防御性医疗的影响

本书第五章预测和分析了医务人员在风险中立和风险规避假设下的行为。然而，在现实生活中人们对待医疗损害风险的态度是不同的，大致可以分为风险中立、风险规避和风险偏好三种类型。而且同样一个人在不同的情况下，他对待风险的态度也是不一样的。尽管现实世界中人们对待风险的态度多种多样，存在较大变异，但仍然是有规律可循的，可以通过建立简单的经济学模型对人们的风险态度来进行预测和分析，进而判断其对预防水平和行为水平产生的影响。下面，应用行为经济学中的前景理论开始对人们的风险态度进行预测和分析。

一、前景理论

运用两个函数来描绘个人在不确定条件下的选择行为，一种是价值函数（x）用于取代期望效用理论中的效用函数，另一种是决策权重函数 Π（p）用来将期望效用理论中的概率 p 转换成决策权重（董志勇，2006）。

（一）价值函数及其特征

人们在不确定条件下的选择更为看重相对于某个参考点得失的变化，而不是最终得失的期望效用值。为了反映相对于参考点得失的变化，前景理论使用了反映得失变化的价值函数取代了期望效用理论中反映最终得失期望效用值的效用函数。特征：①获得和收益要比损失好；②当处于收益状态时价值函数是凹函数，处于损失状态时价值函数是凸函数；③人们厌恶损失，收益与损失相比，人们对损失更敏感。见图6-2。

（二）决策权重函数及其特征

概率的权重函数的 Π（p）不是概率 p，它不遵循概率的一般公理，它只是反映决策者对前景行为结果的价值评价。它具有以下特征：①Π（p）与真实的客观概率 p 相关，Π（p）是 p 的增函数，并且 Π（0）=

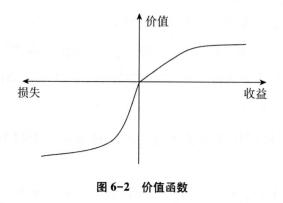

图6-2　价值函数

O，Π（1）= 1，Π（p）还会受到与事件相关的其他因素影响，在决策过程中，人们会对自己偏好的前景行为结果赋予较大的权重。②过分重视小概率事件，对小概率 p，有过分重视小概率事件，即对小概率 p，有 Π（p）>p。③权重函数的次可加性。④权重函数的次确定性。⑤权重函数的次比例性。（图6-3）

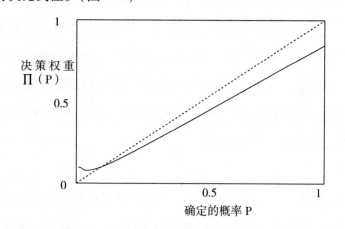

图6-3　权重函数

前景理论中对风险的态度是由价值函数和决策权重函数所决定的。前景理论对风险的态度分为四种情况：①对于中高概率的前景收益有风险规避倾向。②对于中高概率的前景损失有风险爱好倾向。③在前景结果并不极端时，对小概率前景收益有风险爱好倾向。④在前景结果并不极端时，对小概率前景损失有风险规避倾向（祁娜姿，2005）。

二、面对医疗损害医务人员的风险态度及对 DM 行为的影响

为了简化分析，假设预防医疗损害的成本由医务人员承担的情况，即实行预付制。首先，分析在严格责任原则下的医师的行为。由于采取预防措施的成本和医疗损害成本均需要由医务人员承担，这两方面的成本对于医务人员来讲是一种财产损失。只不过，采取预防措施的成本是一种确定损失，而医疗损害成本是一种不确定性损失。根据前景理论，当医疗损害的发生概率较低时，医务人员对待风险的态度是风险规避的，可以预测此时医务人员将采取过度预防行为。当医疗损害的发生概率较高时，医务人员对待风险的态度是风险偏好的，可以预测此时医务人员将采取过少的预防行为。为了验证前景理论对医师诊疗行为预测的正确与否，本研究借助行为经济学中常用的实验经济学的研究方法，自行设计了两个虚拟的实验，并在案例医院的神经内科由该科室的 15 名医师作为实验对象。实验如下：

实验1：现有一发热患者，不排除患有斑疹伤寒的可能性，做肥大氏反应可以确诊，化验费为10元。如果做肥大氏反应，医师需要自己承担10元化验费；如果不做则有0.04%误诊可能性，则需要向患者赔付20000元。您是否为患者做肥大氏反应？

实验2：现有一头昏患者，不排除患有脑动脉瘤的可能性，

做脑血管造影 DSA 可以确诊，检查费为 6000 元。如果 DSA，医师需要自己承担检查费，如果不做则有32%的误诊率，则需要向患者赔付 20000 元。您是否为患者做 DSA 检查？

实验 1 的结果显示，15 名医师全部选择为患者做肥大氏反应实验。按照传统的期望效用理论，医师为患者做肥大氏反应实验自己将损失 10 元，如果不做损失的期望值是 8 元。为了追求效用最大化，医师应选择不为患者做该项化验。然而，实验结果表明，全部医师都选择做该项化验。出现这样的实验结果可以用前景理论给予较好的解释。如果医师出现误诊，医师将承担赔偿金，对于医师而言，支付赔偿金是一种损失；而医师误诊的概率仅为 0.04%，属于真正意义上的小概率事件，根据前景理论的权重函数，医师将会高估自己出现误诊的概率。因此，医师在此情况下将是风险规避的，故 15 名医师会选择为患者做肥大氏反应实验，也就是说医师出现了过度预防行为。

实验 2 的结果表明，13 名医师选择为患者不做 DSA 检查，而有 2 名医师选择做该项检查。按照传统的期望效用理论，医师为患者做氏反应实验自己将损失 6000 元，如果不做损失的期望值是 6400 元。为了追求效用最大化，医师应选择为患者做该项检查。然而，实验结果表明，仅有 2 名医师选择做 DSA。出现这样的实验结果也可以用前景理论给予较好的解释。如果医师出现误诊，医师将承担赔偿金，对于医师而言，支付赔偿金是一种损失；而医师误诊的概率为 32%，属于较大的概率事件，根据前景理论的权重函数，医师将会低估自己出现误诊的概率。因此，医师在此情况下将是风险偏好的，故大多数医师不会选择为患者做 DSA 检查，也就是说医师出现了预防不足。

其次，分析在过失责任原则下的医师的行为。如果不存在确定过失中的各种不确定性，也不存在举证责任倒置的规定，医师并无采取过度预防行为的激励；如果存在确定过失中的不确定性和举证责任倒置的规定，医师将采取过度预防行为。

以上是基于预付制大背景下得出的结论，然而在按服务项目付费制度下，医师只承担医疗损害成本，不承担预防医疗损害成本。因此，为了效用最大化，医师将采取过度预防行为。

第七章　结论与建议

第一节　主要发现和结论

一、面对越来越大的医疗纠纷和诉讼压力，临床医师普遍采取防御性医疗行为，且防御性医疗行为的程度较高

防御性医疗行为，是指临床医师并不是完全出于患者疾病考虑，而是为应对可能发生的医疗纠纷和医疗诉讼而为患者所提供的各种诊疗服务。本研究以防御性医疗的概念为出发点，以河北省某医院为案例，从医院宏观和医师个体微观两个层面入手，综合运用了问卷调查、病例回顾性评判法、访谈和观察多种方法，描述和分析了医疗纠纷和医疗诉讼的发生情况及对临床医师诊疗行为的影响，并得出以下结论：

1. 医疗纠纷数量和医疗损害赔偿数额逐年上升

最近 5 年，全院年均发生医疗纠纷 125 起，且医疗纠纷的数量呈现出逐年上升的趋势。绝大多数（80%—85%）医疗纠纷通过医患双方协商解决，通过司法诉讼和卫生行政部门调解解决的医疗纠纷数量很少。

大约有 27.43% 的医疗纠纷向患方支付了医疗损害赔偿金，年均医疗损害赔偿金为 1469419 元，约占全院收支结余的 10%；例均医疗损害赔偿金的年平均增长速度高达 30%，年均医疗纠纷赔偿金高达 63768 元。由此可得出，医院的医疗纠纷数量呈现逐年上升的趋势，医疗损害赔偿总额及例均赔偿金额呈现出了快速上涨的趋势，给医院带来了越来越大的经济压力。

2. 医疗纠纷和医疗诉讼的发生和解决给医院和医师造成了多方面的损失

医疗纠纷和医疗诉讼的产生和解决除了给医院和医师带来直接的经济损失外，还造成间接的多种损失，主要包括败坏医院和医师社会声誉、浪费医院和医师的工作时间，扰乱医院和科室的工作秩序和环境，影响医师的心理健康和正常生活等方面。这些损失的存在，给医师造成了巨大压力，并且对医师的诊疗原则和行为产生了较大的影响，且这种影响呈现出增强的趋势。

3. 医疗纠纷和诉讼压力导致医师产生了防御性医疗行为

医疗纠纷和诉讼压力对医师诊疗行为的影响主要体现在医师采取了防御性医疗行为，防御性医疗行为主要表现为三种类型：第一，医师为了应对医疗纠纷和医疗诉讼而为患者多提供某些诊疗服务，如各种不必要的检查、化验、药物、邀请专家会诊和转诊等；第二，医师为了应对医疗纠纷和医疗诉讼而少提供或不提供某些必要的诊疗服务，如收治高危病人，提供高风险的诊疗方案或操作等；第三，医师为了应对医疗纠纷和医疗诉讼而向患者夸大病情、要求患者签署不必要的知情同意书等。从具体的表现形式来看，包括以下方面：①增加病人的会诊、转诊；②回避收治高危病人；③回避高风险的诊疗方案或操作；④交代病情时，适度夸大病人的病情；⑤增加检查和化验项目；⑥多为病人开具药物；⑦放宽下达病重、病危医嘱及护理等级标准；⑧增加请示上级医师的次数；⑨更多的告知（知情同意）；⑩更详细的病情记录。

面对医疗纠纷和诉讼压力，几乎所有的临床医师都采取了防御性医疗行为，这说明防御性医疗行为在临床医师中较为普遍。从医疗纠纷的定量分析来看，临床医师的防御性医疗纠纷平均得分高达 14.8 分（满分为 20 分），医师出于防御目的开出的化验和检查费平均占病人全部化验检查费超过 20%。这说明防御性医疗行为的程度较高或者说较为严重。多因素分析结果表明，医师的医疗纠纷遭遇是防御性医疗行为严重程度的独立影响因素，近期亲身经历过医疗纠纷的医师防御性医疗行为程度高于没有医疗纠纷遭遇的医师。同时，研究还发现，由于医疗纠纷的发生率不同，各科室的防御性医疗程度也有较大差别，其他科室的医师均比内科医师防御性医疗行为的程度要高。

二、根据相关法律规定，一般医疗损害赔偿纠纷应适用过错责任原则，然而我国医疗损害纠纷的处理实际执行类无过失责任原则

1. 医疗损害纠纷产生的原因

医疗纠纷主要是因为医患双方在以下三个逐级递进的环节不能达成共识：①医师为患者诊疗的过程中是否发生了医疗损害事实，损害的程度有多大？即医疗损害事实的认定问题；②如果确实发生了医疗损害事实，医疗损害的责任到底应该由谁来承担？医师、患者还是双方共同承担？即医疗损害责任的分担问题；③如果应该由医师承担，医师将以何种形式和在多大程度上承担医疗损害责任？即确定医疗损害赔偿金额的问题。

2. 医疗损害的归责原则与法律依据

针对医患双方在以上三个环节引起的争议我国出台了相关的法律法规，相关的主要法律法规包括《医疗事故处理条例》《中华人民共和国民法典》。在这些法律法规中，关于医疗损害纠纷的归责原则做出了明确规定：①在 2002 年 4 月 1 日最高人民法院《关于民事诉讼证据的若干规定》实施之前，采用过错责任原则。过错责任原则有三个构成要件，包括医疗损害事实、医院和医师存在行为过错、医师的过错行为与医疗损害事实之间有因果关系。②2002 年 4 月 1 日至 2010 年 7 月 1 日，实行过错推定（过错推定原则属于过错责任原则的一种特殊形式）和因果关系推定原则，即通常所说的举证责任倒置原则。③2009 年 12 月 26 日出台了《中华人民共和国侵权责任法》，确定了一般医疗损害赔偿实行过错责任原则。

3. 我国医疗损害赔偿纠纷的处理实际执行类无过失责任原则

此外，尽管我国相关法律规定对一般的医疗损害，应实行过错责任原则，但医疗损害案例的处理却违背了该原则，造成了处理结果实际遵循了介于过错责任原则和无过错责任原则之间的一种归责原则，或称为类无过失责任原则。无过失责任原则的构成要件有两个，即医疗损害事实、医师行为与医疗损害事实之间有因果关系。我国绝大部分医疗纠纷的解决是通过医患双方协商，由于许多患方采用医闹的方式，医院为了不影响正常的诊疗活动，抱着花钱买平安的心态，即使医院和医师的行为没有过错，也给患者赔偿一定数额的费用。也就是说，医疗纠纷的处理实际上执行了类无过错责任原则。同时，单项医疗纠纷的赔偿数额越来越高，赔偿数额超过完全赔偿标准的赔偿案例逐渐增多。

三、从经济学含义而言，防御性医疗服务分成过度预防和减少行为量两种类型

现有关于防御性医疗行为的分类研究中，大部分将防御性医疗行为分成了"积极型防御性医疗"和"消极型防御性医疗"两种类型。本研究根据影响医疗损害发生概率和严重程度的两个关键因素——注意水平和行为量或活动量，将医务人员采取的医疗损害风险规避行为分为过度预防和减少行为量两种类型。并从经济学角度界定了两种类型防御性医疗行为的判断标准。①过度预防行为：将边际医疗损害预防社会成本等于边际医疗损害预期社会成本点相对应的预防水平即最优预防水平，超过最优预防水平的预防行为即为过度预防。②减少行为量的行为：我国现行法律规定，一般情况下医疗损害责任的认定应实行过失责任原则。这也意味着过失责任原则下医师的最优服务量，也是从社会角度来说希望提供的服务量。在过失责任原则下，为了实现效用最大化，医师将选择边际效用等于法定注意标准时的预防成本时所对应的服务量。本研究将过失责任原则下医师的最优服务量作为判断医师是否存在防御性医疗的临界值。若医师提供诊疗服务的数量小于该服务量，则认为医师存在防御性医疗。这种新的分类方法，具有较强的政策意义。对于预测和理解在不同责任规则下，医务人员的行为反应及对社会福利的影响具有重要意义。

四、积极型防御性医疗的动机及关键影响因素

本研究以期望效用理论为基础，以成本收益分析方法为工具，借助

医疗损害成本函数经济模型，通过利用静态均衡分析法来分析医疗损害责任对医师预防行为和行为量的激励效应，得到了以下结论：

根据从经济学角度对过度预防行为的界定，当边际预防医疗损害的社会成本大于边际医疗损害预期的社会成本时，即出现过度预防行为。由于医师是理性的，医师不会通过权衡社会成本和收益来做出选择，而是通过私人成本和收益进行选择。在追求效用最大化的激励下，医师会选择医疗损害预期总成本最小时的预防水平，即边际医疗损害预防成本和边际医疗损害预期成本相等时对应的预防水平。因此，过度预防行为的产生是理性的医师追求效用最大化的结果。

过度预防行为产生的主要影响因素如下：

1. 确定医疗损害责任时的信息不完善

由于在确定医疗损害责任时的信息往往是不完善的，因此在确定医疗损害责任的各个构成要件时，经常会出现一些误差，而且这些误差很难避免。根据误差的性质，可将误差分为随机误差（或不确定性）和系统误差（或错误）。

（1）随机误差

在确定医务人员行为过错时存在许多不确定性因素，主要包括法院在设定法律注意标准上可能会出现随机误差、法院在比较医师的预防水平和法律注意标准时会产生随机误差、医师在预测法定注意标准时产生随机误差、医师有可能无法控制医疗损害发生时的注意水平。由于以上各种随机误差情形的存在，医师不能确定其采取的具体预防水平是不是会导致法院判定他对医疗损害承担责任。如果法院认为他的预防水平超过法定标准，也即他采取了不必要的预防措施，这只会使他增加较小的成本支出，损失相对较小。然而，如果法院认为他的预防水平低于法定标准，那么他不仅要承担预防医疗损害的成本还要承担医疗损害的赔偿责任，这大大增加他的成本支出，也就是说他的损失会大很多。因此，在确定医务人员行为过错时，存在许多不确定性因素，医师将产生过度预防行为。

（2）系统误差

在无过失责任原则下，如果实际的赔偿金额总是超过完全赔偿额度，错误地判定医务人员对并非由其所导致的意外事故负责，将导致医师边际医疗损害预防成本与边际医疗损害预期成本的均衡点右移，医师将采取过度预防行为。

在过失责任原则下，由于医疗行为的特殊性，过失责任原则的两个构成要件经常遇到举证较为困难的情形。由于举证困难，可能会导致法院对医疗损害责任的误判。由于实行举证责任倒置，加重了医师的举证责任，医师面临无法举证或举证不充分情况的概率增大。因此，为了减少被误判的概率，医师将采取过度预防行为。另外，法院在确定法定标准时也会出现系统误差，如果法定标准超过了有效率的预防水平，但未超过一定限度，则会引导医师按照法定标准采取预防措施，即采取过多的预防措施。

2. 除支付医疗损害赔偿金外，医院和医师还承担大量的非财务成本损失

除支付医疗损害赔偿金外，医疗纠纷和诉讼还给医院和医师造成了间接的多种损失，主要包括破坏医院和医师社会声誉、浪费医院和医师的工作时间、扰乱医院和科室的工作秩序和环境，影响医师的心理健康和正常生活等方面。

在无过失责任原则下，如果医师还需要承担非财务成本，也就是医师实际承担的损失要高于医疗损害。这相当于医疗损害赔偿金被高估，即医疗损害赔偿 D 超过了医疗损害 A。医师的医疗损害预期总成本曲线将向上移动，并且比原来的曲线更加陡峭。同时，该曲线的最低点将会相应地向右移动，该点对应的预防水平也向右移动。新均衡点所对应的预防水平要高于从全社会角度确立的最优预防水平，即会产生过度预防行为。

在过失责任原则下，如果非财务成本高于医疗损害赔偿金，则意味着医疗损害预期总成本的最低点在法定标准的右侧，即医师将会出现过度预防行为。

3. 医疗损害赔偿的交易成本

在现实生活中，医师和患者在解决由于发生了损害所导致的医疗损害纠纷的过程中需要负担各种费用，即交易成本，主要包括医师、患者，以及他们的聘请的律师在进入纠纷解决和诉讼程序中所花费的时间、精力和相关费用。

（1）通过对患者行为的影响间接导致医师产生过度预防行为

由于各种医疗损害纠纷解决途径的交易成本和收益不同，患者通过诉讼索赔的纠纷较少，而通过双方协商索赔的纠纷较多，医疗纠纷赔偿数量和额度出现上升，导致了医师和医师的实际赔偿的案例数量和赔偿额度高于应有水平，间接导致医师采取过度预防行为。

（2）通过对医师的直接影响导致过度预防行为

由于交易成本的存在，增加了医院和医师因医疗损害而造成的损失，将导致医师产生过度预防行为。

4. 医师是风险厌恶的

风险厌恶的主体本质上不喜欢损失大小的不确定性，他们认为确定货币收入前景的效用大于具有同等预期货币价值的不确定前景的预期效用的人。在最佳的预防水平时，虽然边际预防成本等于边际预期医疗损害成本。但对于风险厌恶的医师来讲，他将认为边际预期医疗损害成本要高于边际预防成本，因此他将继续提高预防水平，即会产生过度预防行为。

5. 医师不承担医疗预防损害的成本

在无过失责任原则下，由于预防医疗损害的成本由医师转嫁给了患者，在最小化医师所承担成本的激励下，医师将选择医疗损害预期成本最低点所对应的预防水平，即医师将有采取过度预防措施的激励。

在过失责任原则下，由于在认定医师行为过失的过程中，经常出现随机误差和系统误差及举证责任倒置等情况。当医师自己不需要承担预防成本时，他倾向于将预防水平提高到比承担预防成本更高的程度，也就是说过度预防的程度会更高。如果确定医师过失的过程中随机误差和系统误差越大，则医师的举证责任难度越大，医师的实际预防水平越高。反之，则实际预防水平越接近于社会最优水平。

6. 医疗损害责任认定中的后见偏见

患者在接受诊疗过程中发生医疗损害以后，需要确定医师的行为是否存在过错以及过错行为与医疗损害之间是否存在因果关系。由于医疗损害责任认定中存在后见偏见，导致错误认定医师存在行为过错的概率升高，因此医师将不得不提高预防水平来降低被法院错判的概率，即出现了过度预防行为。

7. 直觉偏差

当人们面临一个复杂的、不确定性的决策问题时，由于信息加工能力有限、时间有限或缺乏先前经验，人们不会也不可能运用理性的原则进行严密的逻辑计算给出判断，人们只能依据自己的直觉或者一些常识来对问题进行简化。一般而言，依据直觉和经验进行判断容易产生系统性偏差，主要包括代表性直觉偏差、易得性直觉偏差、锚定和调整直觉偏差。

由于直觉偏差的影响，遭遇过医疗纠纷的医师会高估医疗纠纷的发生率，因此将会倾向于产生过度预防行为。另外，对于医疗损害事件来说，易得性直觉偏差的存在，会导致患者倾向高估医务人员在医疗损害案件中存在过失行为的概率，因此造成患者提出损害赔偿的事件越来越多，间接导致医师产生过度预防行为。

五、消极型防御性医疗的影响因素

为了防范医疗纠纷和诉讼，医师减少医疗服务的提供数量也是属于防御性医疗行为的一种重要类型。其主要的影响因素包括：

1. 过失责任原则

医师提供服务的数量由边际效用和医师的实际预防成本所决定。这也就意味着能够影响医师实际预防成本的因素对医师提供服务的数量会产生影响。在分析过失责任原则对医师预防行为的激励效应时，已经明确医师如果采取过度预防行为将增加医疗损害预防成本。而且，影响医师采取过度预防行为的主要因素包括在确定医师行为过错时的不确定性、举证责任倒置、医师在医疗损害发生时存在大量的非财务成本、医师是风险规避的等。同样的道理，这些导致医师采取过度预防行为的因素都将导致医师提供的诊疗服务量要低于过失责任原则下的社会最优水平，即医师出现了防御性医疗行为。

2. 无过失责任原则

在无过失责任原则下，医师提供服务的数量由边际效用和边际医疗预期损害总成本（医疗损害预防成本和医疗损害预期赔偿成本之和）所决定。由于无过失责任原则下医师承担的边际医疗预期损害总成本要高于过失原则，因此无过失责任原则的实施将导致医师减少医疗服务服务量。另外，影响医师采取过度预防行为的主要因素包括在确定医师医疗损害责任时的系统误差（包括医师估计或实际医疗损害赔偿金高于医疗损害造成的损失、让医师承担了不应该承担的医疗损害责任、举证责任倒置）、医师在医疗损害发生时存在大量的非财务成本、医疗损害赔偿的交易成本为正、医师是风险规避的等。这些导致医师采取过度预防行为的因素都将导致医师提供的诊疗服务量要低于无过失责任原则下的最优水平，即将加重医师的防御性医疗行为。

第二节　防御性医疗治理的政策建议

一、综合应用以"临床路径"为主的多种防御性医疗的测量方法

美国和欧洲的一些国家关于防御性医疗行为的研究起步较早，已经形成了一批较有影响力的研究成果。测量和分析临床医师防御性医疗行为的普遍性、严重程度是深入了解和分析防御性医疗行为现状，并提出控制医师防御性医疗行为的基础。基于此，我国需要及早开展大规模的防御性医疗行为的测量和分析方面的研究工作。

然而，临床医师的防御性医疗行为属于较为敏感的问题，要想获得真实准确的信息，应选择较为适宜的调查方法。文献研究表明，针对防

御性医疗行为的测量主要有临床医师直接调查法、医师临床情景调查法、卫生保健使用研究法。以上研究方法各有优缺点：①临床医师直接调查法。根据防御性医疗行为的定义，医师的诊疗行为属于防范性医疗行为，应符合以下两个条件：首先，防御性医疗行为是偏离诊疗常规的行为，即医师提供了不必要的诊疗服务，或未提供或少提供必要的诊疗服务；其次，医师偏离诊疗常规的行为应该主要是出于防范医疗纠纷和医疗诉讼的目的，而不是出于其他目的。采用医师直接问卷调查法对防御性医疗行为进行测量，然而该测量方法可能会造成调查偏倚。主要理由如下：问卷调查采用的是回顾性调查法，比如让医师笼统回答最近一年内防御性医疗行为的发生情况，医师在短时间内可能无法准确判断哪些行为是必要的，哪些行为是不必要的，同时也可能无法准确判断哪些行为是出于防范医疗纠纷的。②医师临床情景调查法：相对比较复杂，要求调查问卷的制定者有较深入的医学知识。另外，由于医师均是在假设的情景下做出的行为反应，未必能真正反映出医师真实的防御性医疗行为倾向。③卫生保健使用研究法：该方法最大缺点是，它仅能验证不同等级医疗责任风险之间的增量差异，而无法获得防御性医疗行为的总量，一般仅适用于地区或机构间的横向比较和纵向分析。

针对以上各种方法的缺点，本研究建议应同时综合以上各种研究方法，以便通过不同渠道获取的信息能达到相互补充和相互验证的作用。值得一提的是，本研究还以脑出血为例，探索性地应用了病例回顾性评判法对防御性医疗行为进行了测量。本研究认为病例回顾性评判法的测量思路与根据防御性医疗行为的定义和判断标准较为一致，较为适合进行防御性医疗行为的测量。本研究得出这种结论的主要理由如下：

根据防御性医疗行为的定义，判断医师的诊疗行为是否属于防范性医疗行为，应符合以下两个条件：第一，防御性医疗行为首先是偏离诊疗常规的行为，即医师提供了不必要的诊疗服务，或未提供或少提供必要的诊疗服务。其次，医师偏离诊疗常规的行为应该主要是出于防范医疗纠纷和医疗诉讼的目的，而不是出于其他目的。

本研究正是根据以上防御性医疗行为的定义和判断标准，探索性地应用了病例回顾性评判法。现将该方法的实现步骤总结如下：第一步，选择病种和病例，并进行病历摘录。对符合条件的住院病历进行查阅和摘录，摘录重点内容包括病案首页信息、长期和临时医嘱单、各类知情同意书类型与数量、会诊情况、转诊情况、出院记录及住院费用信息。第二步，不必要诊疗服务的测量。聘请该病种的专家作为病例评判员，以国家卫生健康委所颁布的临床路径版本为主要依据，并结合使用模糊评判法对所有患者的医嘱进行评判，并列出住院诊疗过程中存在不必要的诊疗服务项目的类型和数量。第三步，防御性医疗行为的测量。对所有住院患者的经治医师进行问卷调查和访谈，请各医师列出对每名住院患者出于防范医疗纠纷和医疗诉讼目的而实施的不必要的诊疗服务项目类型和数量。

由于病例回顾性评判法的操作思路与判断防御性医疗行为的逻辑步骤完全一致，因此通过该方法对防御性医疗行为的测量结果应具有较高的效度。不过需要补充说明的是，为消除和减弱回顾性调查的回忆偏倚，每名患者的回顾性评判应在患者出院时立即进行。

二、减少和控制防御性医疗的策略和措施

1. 医疗服务实行预付制将有助于减轻防御性医疗行为

目前，我国各级医疗机构普遍实行的是按服务项目付费的制度。在

该制度下，由于医师将采取的医疗损害预防措施的成本转嫁给了患者，因此医师的过度预防行为要明显高于医师承担预防措施成本的情形。当实行类无过失责任原则或无过失责任原则时，医师过度预防行为的程度将更高。为减弱医师的过度预防行为，应探索各种类型的预付制，如按DRGs付费或按 DIP 付费，将预防医疗损害的成本内化给医院和医师，以期激励他们符合最小化医疗损害预期总成本的社会目标，从而减少过度预防行为。

2. 制定医师的法定注意标准应建立在成本效果分析的基础上

按照《民法典》的相关规定，我国一般的医疗损害责任认定实行过错责任原则。法定注意标准确定与有效率的预防水平是否一致，将直接影响到医师的预防水平，因此应尽可能将法定注意标准与有效率的预防水平保持一致，或尽可能缩小二者之间的差距。

在过失责任原则下，为实现医疗损害预期社会成本最小化，进而实现社会福利最大化的目标，医务人员法定注意义务的标准应采取客观化的标准，而且力争将法定标准与有效率的预防水平相一致。过去，在确定医师法定注意义务标准时，主要考虑了各种诊疗措施的安全性和有效性，今后应重视引入卫生经济学评价，比如应在测算和分析各种诊疗服务项目成本效果、成本效用和成本效益的基础上修订法定注意义务标准。

为实现最小化医疗损害的预期总成本目标，在确定过失标准时，应将法定标准设定在有效率的预防水平上，即 $x'=X^*$。若预防措施的边际成本为 W_i，医疗损害的成本为 A，边际概率为 P'。当 $W_i < -P'A$ 时，即医师的边际预防成本低于相应的边际收益，那么可以认定医师有过失责任，需要承担医疗损害责任。如此一来，进一步采取预防措施是成本有

效的。所谓进一步采取预防措施是成本有效的，是指预防水平低于有效率的水平（X<X*）。医师若想规避责任，必须提高预防水平，直到 W=−P′（X*）A 时。如果医师的预防水平是符合效率标准的，即 X=X*，那么边际预防社会成本会与边际社会效益相等。在这一点上，进一步采取预防措施，就不再是成本有效的了。

从经济学符合效率标准的角度来看，以上确定过失标准的方法是基于最理想的状态。但由于医疗卫生行业具有特殊性和专业性较强的特点，现实中过失标准的确定通常遵从卫生方面的法律、法规、部门规章和诊疗规范等，因为应用这些标准比计算预防的边际成本和边际收益对信息的需求量要少得多。不过，在强制实施这些标准之前，诊疗规范的制定者在考虑诊疗行为的安全性和有效性的基础上，还应该考虑它的经济性，即力争确定的法定标准基本符合边际预防社会成本等于边际社会收益。

3. 慎重选择医患之间的举证责任分配

前文分析可知，在过错责任原则下，假如较容易证明医院的诊疗行为存在过错以及过错行为与医疗损害后果之间具有因果关系，那么不论由谁承担举证责任，医务人员都将采取有效率的预防水平。但在现实中，由于医疗行为的特殊性，不管是由医方还是患方承担举证责任，都经常遇到举证较为困难的情形。由于举证困难，可能会对医师的预防行为产生直接影响。在举证责任倒置原则下，医师实际采取的预防措施已经达到了法定的预防水平时，但由于其举证不充分，法官仍然可能认定其有责任。此时，医务人员为了应付判决对自己带来的不利，在行医过程中将会提高预防水平，更加谨慎小心，并促使其将预防水平提高至超过法定标准。在"谁主张谁举证"原则下，患者无法证明医师侵权行为，法院将认定医师不承担医疗损害赔偿责任，这势必使得一些医疗损害行为没有受到法律的追究，被告就会降低预防水平至他可能被认定为有责任时的预防水平。在司法实践中，究竟如何在医患之间合理分配举证责任，需要考虑举证责任分配的结果对医师行为和社会福利的影响。

4. 通过法律，减少患方采取无理取闹手段向医院高额索赔的情况

研究文献和案例医院的调查发现，为能获得理想的处理结果，不少患者及其家属通过采取干扰医院和医师正常工作秩序的方式要求医院进行经济赔偿，比如辱骂医务人员、打砸医院财务、发表对医院不利的言论等。患者利用此种方式向医院索赔，大大干扰了医院的正常工作秩序，增加了医院的非财务成本支出。同时，医院为不影响正常的诊疗活动，抱着花钱买平安的心态，即使医院没有过错，也会给患者赔偿一定数额的费用。另外，单项医疗纠纷的赔偿数额越来越高，赔偿数额超过完全赔偿标准的赔偿案例逐渐增多。这样做的直接结果，就是医师采取过度预防行为。为减少此类情况造成的过度预防行为，应采取法律等手段减少通过无理取闹向医院高额索赔的情况。根据新颁布的《民法典》，干扰医疗秩序，妨碍医务人员工作、生活的，应当依法追究其法律责任。

5. 构建和谐医患关系，增强患者对医院和医师的信任感

目前，我国的医患关系比较紧张，患者对医师的信任度不高，医疗纠纷的发生概率自然也比较高。为缓解紧张的医患关系，应加强医患之间的沟通。医护人员在与患者进行沟通的过程中，应因人而异，因病而宜，使患者对自己的病情、采取的医疗措施及存在的医疗风险有所了解，同时又不发生不利后果。要让患者从心底感觉到医务人员确实是站在患者的角度思考，是从有利于患者及早恢复健康的角度考虑，也只有这样，才能获得患者及家属的信任；要让患者了解，医疗技术与其他技术一样存在着两种效应，既可以增进人类的健康，解除人类的病痛，也可能发生医源性疾病，造成对机体的伤害；要加深患者及家属对目前医学技术的局限性、风险性的了解，使患者和家属心中有数，从而争取他们的理解、支持和配合；同时还要听取患者或家属的意见和建议，回答他们想要了解的问题，增加患者和家属对疾病治疗的信心，保证医疗工作的顺利进行。有效的医患沟通，可以避免大多数无谓的医患矛盾，构建和谐的医患关系，从而减少防御性医疗行为的发生。

6. 应引导大众传媒对医疗纠纷的报道坚持客观中立的原则

本研究表明，由于大众传媒的不公正报道导致患者产生直觉偏差，高估了医院和医师在医疗损害事件中应该承担责任的概率，增加了向医院索赔的金额，从而激励医师产生过度预防行为。为此，大众传媒在报道医疗纠纷时，必须从可靠的消息来源处获得真实全面的信息，并以客观的态度如实地加以反映。不可在不指出医疗纠纷背景的状况下，渲染任何偶发事件。另外，大众传媒不可强加主观思维于大众，不可模糊甚至歪曲事实真相，给大众错误的认知，误导大众。

7. 通过符合医疗法律法规来减少医疗损害责任认定中的后见偏见

为减少医疗损害责任认定中的后见偏见，在判定医院和医师的行为是否有过错时，应通过比较其行为是否符合事前规范，如相关的法律、法规、规章和各种诊疗规范而确定，而不必对医师是否采取了合理预防进行不同意见的调查。法院只需要评估医师符合了相关的法律、法规和诊疗规范，就不应当认为医院和医师存在过错。依据这个规则，只有医师没有符合事前规范这个决定性因素，才能支持被告是有过错的结论。这个规则也避免了在后见状态下对某种医疗损害事件概率进行判断的必要，因此也就根除了后见偏见对判断的大部分影响。

8. 建立医疗损害责任风险的分散机制

在我国，医疗执业面临的风险是医疗责任导致的索赔风险，同时衍生出医疗纠纷处理风险，但归根结底还是医疗过失责任的索赔风险。由于这些风险的存在，在一定程度上制约了医疗发展，不能适应公众对于医疗服务质量和医疗安全的要求，除了完善立法，提高医疗服务质量外，通过医疗责任保险转移医疗执业风险，是现代医疗服务体系的重要组成部分，也符合国际医疗风险管理的通用方法。因此选择一种符合我国实情的医疗责任保险形式，推行医疗责任保险十分必要。由公权力强制推行的医疗责任保险制度，旨在对受害者的补偿，预防因责任保险的保障额度不足，受害者得不到足额赔偿时的救济。在公权力介入医疗责任保险时，应考虑大、中、小医院和个体行医者面临的医疗风险。作为强制式的保险，应明确规定最低保险限额，而且保单不设免赔额，以防投保人通过投保低额保险来规避其投保责任，损害受害患者的利益；强制保险仅在对患者提供最基本的保护，并非提供完全充分的保障。它要求保险人接受任何合法行医者的风险，由政府进行必要的费率干预，以提升保险人承保权限和风险选择能力。

参考文献

［1］陈志华. 医疗损害责任［M］. 北京：法律出版社，2010.

［2］董志勇. 行为经济学原理［M］. 北京：北京大学出版社，2006.

［3］黄文平，王则柯. 侵权行为的经济分析［M］. 北京：中国政法大学出版社，2005.

［4］凯斯·R. 桑斯坦. 行为法律经济学［M］. 北京：北京大学出版社，2006.

［5］理查德·A. 波斯纳. 侵权法的经济结构［M］. 北京：北京大学出版社，2005.

［6］刘鑫. 侵权责任法——医疗损害责任条文深度解读与案例剖析［M］. 北京：人民军医出版社，2010.

［7］卢现祥，刘大洪. 法经济学［M］. 北京：北京大学出版社，2007.

［8］罗伯特·考特. 法和经济学（第5版）［M］. 上海：上海人民出版社，2010.

［9］斯蒂文·萨维尔. 事故法的经济分析［M］. 北京：北京大学出版社，2004.

［10］王成. 侵权损害赔偿的经济分析［M］. 北京：中国人民大学

出版社，2002.

[12] 曹志辉，吴明 . 医师防御性医疗行为测量及形成机制研究框架 [J]. 中国医院管理，2014，34（9）：4-5.

[13] 曹志辉，吴明 . 基于法经济学的防御性医疗行为影响机制分析 [J]. 中国医院管理，2014，34（9）：6-8.

[14] 曹志辉，陈丽丽 . 医疗纠纷对医师防御性医疗行为影响的实证研究 [J]. 中国医院管理，2014，34（9）：9-11.

[15] 曹志辉，吴明 . 基于临床路径的医师防御性医疗行为测量与分析 [J]. 中国医院管理，2014，34（9）：12-14.

[16] 陈丽丽，曹志辉，李晶晶，等 . 医师医疗责任保险购买意愿的影响因素调查研究 [J]. 中国全科医学，2015，18（6）：680-683.

[17] 曹志辉，臧春光，韩彩欣，等 . 后见之明偏见对医师诊疗行为的影响机制分析 [J]. 中国卫生事业管理，2015，32（5）：347-349.

[18] 曹志辉，臧春光，赵燕，等 . 医师医疗院感染病例报告意愿的影响机制及干预策略 [J]. 中国消毒学，2016，33（3）：298-300.

[19] 陈王华，沈春明，韦嫚 . 防御性医疗行为的分类探讨 [J]. 医学与哲学（人文社会医学版），2010，31（5）：32-33.

[20] 程红群，陈国良，蔡忠军 . 512 名医生自卫性医疗行为现状调查及分析 [J]. 中国医院管理，2003，23（6）：8-10.

[21] 丁际刚，兰肇华 . 前景理论述评 [J]. 经济学动态，2002，（9）：64-66.

[22] 杜凡星，侯志远 . 防御性医疗行为现状及测量方法综述 [J]. 中国卫生政策研究，2021，14（5）：72-77.

[23] 郭岱炯 . 防御性医疗的法律规制探讨 [J]. 中国卫生政策研究，2016，9（10）：61-65.

[24] 郭恩伟. 医疗损害赔偿无过错责任质疑 [J]. 南京医科大学学报（社会科学版），2008，(6)：100-105.

[25] 和经纬. 公立医院医生防御性医疗行为及其影响因素研究——基于广东省某市公立医院医生问卷调查的实证研究 [J]. 中国卫生政策研究，2014，7 (10)：33-39.

[26] 侯颖，曹志辉. 可避免住院标准的界定与影响因素：国际经验与启示 [J]. 卫生经济研究，2021，38 (7)：55-57.

[27] 胡鹏飞，陈少贤，彭晓明. 广东省公立医院医疗纠纷变化趋势与解决途径分析 [J]. 中国医院管理，2008，28 (2)：13-15.

[28] 黄东亮，卢建华，樊宏. 民营医院医生防御性医疗行为实证分析与比较 [J]. 南京医科大学学报（社会科学版），2016，16 (4)：301-303.

[29] 李国强，郑天骄. 医疗损害责任中过错的判定 [J]. 社会科学战线，2009，(8)：243-246.

[30] 李国炜. 法经济学视野下的医疗损害赔偿——以汉德公式为中心 [J]. 医学与社会，2005，18 (3)：19-23.

[31] 李玮. 非理性认定下的理性选择——医疗纠纷解决中患方"闹"的行为逻辑 [D]. 北京：北京大学，2008.

[32] 李霞. 医疗事故责任的法经济学考量 [J]. 山东大学学报，2008，(3)：129-135.

[33] 李悦晖. 医疗责任保险发展阻滞的原因及对策分析 [J]. 南京医科大学学报（社会科学版），2011，(2)：18-20.

[34] 梁维萍. 医生防御性医疗行为的社会成因分析 [J]. 中华医院管理杂志，2004，20 (3)：132.

[35] 刘琮，袁雄伟，杨秀群. 儿科医生防御性医疗行为相关因素

研究［J］. 中国卫生质量管理, 2009, 16 (7): 17-19.

［36］刘俊荣. 防御性医疗的成因及其对医患关系的影响［J］. 中华医院管理杂志, 2003, 19 (8): 493.

［37］刘茂勇. 侵权行为法的经济分析［D］. 北京: 对外经济贸易大学. 2003.

［38］刘雪娇, 张星星, 冯秒, 等. 医生职业风险认知对防御性医疗行为的影响［J］. 中国卫生政策研究, 2018, 11 (3): 15-19.

［39］刘雪娇. 医生职业风险认知与防御性医疗行为关系研究［D］. 武汉: 华中科技大学, 2018.

［40］彭慰慰. 法律决策中的后见偏差［J］. 长沙大学学报. 2010, (7): 57-59.

［41］祁娜姿. 基于前景理论的公共危机中个体决策行为及对策研究［D］. 长沙: 国防科学技术大学, 2005.

［42］宋咏堂. 对医生必要时主动回避医疗服务的探讨［J］. 医学与哲学杂志, 2000, (21): 46.

［43］孙刚, 张婉露, 张宇瑶. 防御性医疗检查与医疗纠纷关系［J］. 中国公共卫生, 2020, 36 (5): 819-821.

［44］陶思怡, 梁立波, 刘伟, 等. 基于 CiteSpace 的防御性医疗研究进展及可视化分析［J］. 中国医院管理, 2020, 40 (11): 65-68.

［45］王晨, 赵娟, 邹丹丹, 等. 社会交往理论视角下的防御性医疗形成过程分析［J］. 医学与社会, 2022, 35 (11): 13-16.

［46］王琼书. 从"医疗举证责任倒置"看防御性医疗［J］. 南京医科大学学报, 2004, 9 (3): 189-192

［47］王琼书, 曹清. 严格责任倾向——对当前医疗纠纷诉讼审判的思考［J］. 中华医院管理杂志, 2006, 22 (4): 242-246.

［48］王香平．值得关注的防御性医疗行为［J］．中华医院管理杂志，2005，21（4）：278.

［49］吴祖祥．论医疗侵权纠纷损害赔偿之诉的举证责任分配——兼评我国证据规则的相关规定［J］．法制与社会，2007，（9）：165-166.

［50］谢青松．医疗损害赔偿诉讼证明责任分配制度研究——以经济学为视角［D］．南京：南京师范大学，2005.

［51］徐莉．论防御性医疗行为与过度医疗行为的关系［J］．医学与社会，2016，29（2）：41-43.

［52］杨秀梅．当代医生心理压力现状探讨［J］．医学与哲学杂志，2006，27（3）：61.

［53］叶自强．举证责任倒置规则的构成要素与适用［J］．河北法学，2011，29（5）：71-75.

［54］尹建鹏．防御性医疗行为的侵权责任研究［D］．上海：上海交通大学，2016.

［55］余想．防御性医疗背景下医疗责任保险制度建设研究［D］．南宁：广西大学，2020.

［56］赵娟，孙明雷，邹丹丹，等．基于实验经济学的防御性医疗行为选择的应用研究［J］．中国卫生经济，2021，40（2）：5-8.

［57］赵银仁，陈国芳．防御性医疗行为的成因及法律责任分析［J］．南京中医药大学学报（社会科学版），2018，19（3）：165-171.

［58］郑兰．防御性医疗行为的成因与控制［J］．中华医院管理杂志，2006，22（10）：697.

［59］周晓莹，黎莉，姚卫光．基于广州市某三甲医院医生视角的医患关系及防御性医疗行为研究［J］．医学与社会，2020，33（4）：109-113.

［60］邹静，向歆. 论医疗损害责任当中的过错责任原则［J］. 法制与社会，2010，（8）：261-262.

［61］Assing H E, Lykkegaard J, Pedersen L B, et al. How is defensive medicine understood and experienced in a primary care setting? A qualitative focus group study among Danish general practitioners［J］. BMJ Open, 2017, 7（12）：19851.

［62］Cote D J, Karhade A V, Larsen A M, et al. Neurosurgical defensive medicine in Texas and Illinois：a tale of 2 states［J］. World Neuro Surg, 2016, 8（9）：112-120.

［63］He A J. The doctor-patient relationship, defensive medicine and over prescription in Chinese public hospitals：evidence from across-sectional survey in Shenzhen City［J］. Soc Sci Med, 2014, 12（3）：64-71.

［64］Heath I. Role of fear in over diagnosis and over treatment：an essay by Iona Heath［J］. BMJ, 2014, 36（9）：6123.

［65］Hicks L K. Reframing overuse in health care：time to focus on the harms［J］. J Oncol Pract, 2015, 11（3）：168-170.

［66］Kapp M B. Defensive medicine：no wonder policy makers are confused［J］. Int J Risk Saf Med, 2016, 28（4）：213-219.

［67］Kim E K, Fletcher W J, Johnson C T. Effect of increasing malpractice insurance cost and subsequent practice of defensive medicine on out-of-hospital birth rates in the United States［J］. Am J Perinatol, 2018, 36（7）：723-729.

［68］Moynihan R, Doust J, Henry D. Preventing overdiagnosis：how to stop harming the healthy［J］. BMJ, 2012, 34（4）：3502.

［69］Osti M, Steyrer J. A national survey of defensive medicine among orthopaedic surgeons, trauma surgeons and radiologists in Austria: evaluation of prevalence and context [J]. J Eval Clin Pract, 2015, 21 (2): 278-284.

[70] Panella M, Rinaldi C, Leigheb F, et al. Prevalence and costs of defensive medicine: a national survey of Italian physicians [J]. J Health Serv Res Policy, 2017, 22 (4): 211-217.

[71] Reisch L M, Carney P A, Oster N V, et al. Medical malpractice concerns and defensive medicine: a nationwide survey of breast pathologists [J]. Am J Clin Pathol, 2015, 144 (6): 916-922.

[72] Rothberg M B, Class J, Bishop T F, et al. The cost of defensive medicine on 3 hospital medicine services [J]. JAMA Intern Med, 2014, 174 (11): 1867-1868.

[73] Sethi M K, Obremskey W T, Natividad H, et al. Incidence and costs of defensive medicine among orthopedic surgeons in the United States: a national survey study [J]. Am J Orthop (Belle Mead NJ), 2012, 41 (2): 69-73.

[74] Smith T R, Hulou M M, Yan S C, et al. Defensive medicine in neurosurgery: the Canadian experience [J]. J Neuro Surg 2016, 124 (5): 1524-1530.

[75] Studdert DM. Meloo MM. Defensive medicine among high risk specialist physicians in a volatile malpractice environment [J]. JAMA. 2005, 293 (21): 2609-2617.

[76] Tancredi LR, Barodess JA. The problem of defensive medicine [J]. Seience, 1978 (200): 239.

[77] Thomas J W, Ziller E C, Thayer D A. Low costs of defensive

medicine, small savings from tort reform [J]. Health Aff (Mill wood), 2010, 29 (9): 1578-1584.

[78] Thompson MS King CP Physician perceptions of medical malpractice and defensive medicine [J]. Erval Program Plan 1984, 7 (1): 95-104.

[79] U. S. Congress, Office of Technology Assessment. Defensive Medicine and Medical Malpractice, OTA-H-602 (Washington, DC: U. S. Government Printing Office, July 1994).

[80] Yan S C, Hulsbergen A, Muskens I S, et al. Defensive medicine among neurosurgeons in the Netherlands: a national survey [J]. Acta Neurochir (Wien), 2017, 159 (12): 2341-2350.